Verena Stollnberger

BSFF – das Anti-Viren-Programm für die Psyche

W0057469

Verena Stollnberger

BSFF –
das Anti-Viren-Programm
für die Psyche

So löst das Unbewusste
Ihre Probleme

VAK Verlags GmbH
Kirchzarten bei Freiburg

Vorbemerkung des Verlags
Dieses Buch dient der Information über eine psychologische Selbsthilfemethode. Sie
hat sich in der praktischen Anwendung bewährt, doch kann hier keine Erfolgsgaran-
tie gegeben werden. Wer die Methode anwendet, tut dies in eigener Verantwortung.
Autorin und Verlag beabsichtigen nicht, Diagnosen zu stellen oder Therapieempfeh-
lungen zu geben. Die Informationen in diesem Buch sind nicht als Ersatz für professionelle therapeutische Hilfe bei psychischen oder gesundheitlichen Problemen, ins-
besondere chronischen Beschwerden, zu verstehen. Wenn hier von Behandeln die
Rede ist, so ist dies nicht im medizinischen Sinne gemeint, sondern im Sinne von
Anwenden der Methode.

Bibliografische Information der Deutschen Bibliothek
Die Deutsche Bibliothek verzeichnet diese Publikation in der
Deutschen Nationalbibliografie; detaillierte bibliografische Daten
sind im Internet über http://dnb.ddb.de abrufbar.

VAK Verlags GmbH
Eschbachstraße 5
79199 Kirchzarten
Deutschland
www.vakverlag.de

© VAK Verlags GmbH, Kirchzarten bei Freiburg 2008
Abbildungen: Günther Pointner
Lektorat: Norbert Gehlen
Umschlagfoto: Tony Latham Photography Ltd. (getty images)
Umschlagdesign: Hugo Waschkowski, Freiburg
Gesamtherstellung: Friedrich Pustet KG, Regensburg
Printed in Germany
ISBN 978-3-86731-015-4

Inhalt

Einführung

Jeder von uns kennt das Empfinden, sich in seiner Haut nicht wohl zu fühlen. Der Umgang mit anderen Menschen funktioniert nicht so, wie man sich das wünscht, die Lebensumstände entwickeln sich höchst unerfreulich und man gerät aus seinem inneren Gleichgewicht. Zu allem Überfluss handelt man auch noch wie von einer fremden Macht gelenkt und nicht im Entferntesten so, wie man es gerne hätte.

Wie schön wäre es doch, wenn man in solchen Situationen aus einer tiefen seelischen Ruhe und Selbstsicherheit heraus überzeugend auftreten könnte. Verhalten und Handeln würden genau so ablaufen, wie man es beabsichtigte, und das Vertrauen in sich und seine Fähigkeiten würde einen befähigen, auch die schwierigsten Situationen elegant zu bewältigen. Der Umgang mit nahen Menschen könnte noch harmonischer gestaltet werden und eventuelle Konfrontationen mit weniger freundlichen Personen wären mit Überlegenheit zu meistern. All die schlimmen Empfindungen wie Angst, Trauer, Schuld, Scham, Wut, Ärger und Verzweiflung würden sich gar nicht erst einstellen. Man hätte vielmehr die Wahl, sich für eine optimale Variante der eigenen Persönlichkeit zu entscheiden, für eine entscheidungsfähige und selbstbewusste Alternative zum eigenen Ich, die verhinderte, dass man wie ein unbewusst gesteuerter Automat reagierte und empfände.

Es gibt eine Möglichkeit, die Energie von Gedanken sowie die Macht und die Fähigkeiten des Unbewussten zu nutzen, um die Alternativen von emotionalem Empfinden und praktischem Handeln im Leben eines Menschen zu vervielfältigen. Die Methode, die all dies umsetzt, wurde von dem amerikanischen Psychologen Dr. Larry Phillip Nims entwickelt und heißt BSFF. Die vier englischen Wörter BE SET FREE FAST™ (abgekürzt: BSFF) sind ihrerseits als Abkürzung eines längeren Methodennamens zu verstehen. Sie setzen sich zusammen aus den Anfangsbuchstaben von: *Behavioral & Emotional Symptom Elimination Training For Resolving Excess Emotion: Fear, Anger, Sadness & Trauma* (zu Deutsch etwa: Training für das Entfernen emotionaler und verhaltensbezogener Symptome zum Zweck des Auflösens übermäßiger Emotionen: Angst, Wut, Traurigkeit und Trauma). Die Pointe dabei: Die Buchstabenfolge BE SET FREE FAST ergibt selbst natürlich auch einen Sinn und heißt übersetzt etwa: Seien Sie schnell davon befreit! Oder: So befreien Sie sich schnell!

Larry Nims begann die Entwicklung von BSFF als Schüler von Roger Callahan, dem Begründer der *Thought Field Therapy*. Diese „Gedankenfeldtherapie" war die erste bekannte Methode des systematischen Stimulierens von Akupunkturpunkten zur Aktivierung der Meridiane. Eine Weiterentwicklung davon ist das im deutschsprachigen Raum schon sehr verbreitete EFT (*Emotional Freedom Techniques™*), das Sie vielleicht schon kennen.

Auch wenn Dr. Nims ursprünglich auch das Klopfen von Meridianpunkten therapeutisch nutzte, erschien es ihm für die Beseitigung von Problemen immer mehr als nicht notwendiger Umweg. Der eigentliche Ursprung von Problemen liegt aus seiner Sicht im unbewussten Bereich, weshalb für die Problemlösung psychische Prozesse aktiviert werden müssen. BSFF arbeitet daher (ohne Klopfen von Akupunkturpunkten) *mit dem* und *im* Unbewussten, weil dieses laut Dr. Nims Entstehung, Erhalt und Auflösung psychischer Probleme, emotionaler Störungen und persönlicher Einschränkungen bestimmt. Die Beseitigung solcher Schwierigkeiten kann aus seiner Sicht nur mithilfe dieses wesentlichen Anteils der eigenen Persönlichkeit, des Unbewussten, erfolgen.

Mit BSFF hat Larry Nims – mittlerweile in enger Zusammenarbeit mit dem Psychologen Don Elium – eine ideale, leicht erlernbare und einfach anzuwendende Methode entwickelt, die darauf abzielt, auf der Basis einer Instruktion des bewussten Denkens das Unbewusste zum Wohle der Gesamtpersönlichkeit des Menschen mit dem Prozess der Problemlösung zu betrauen.

Das vorliegende Buch richtet sich sowohl an psychologisch interessierte Laien, die *sich selbst helfen* wollen, als auch an *professionelle* Anwender, die BSFF bei Ihrer Arbeit mit Klienten einsetzen wollen. Wenn ich Ihnen im Folgenden die Vorteile von BSFF so schildere, wie Sie sie „am eigenen Leib" erfahren können, dann gilt das auch für die Berater, Therapeuten usw. unter Ihnen, die anderen bekanntlich noch besser helfen können, wenn sie die Wirkungen selbst erlebt haben … Und nachdem Sie die Methode für sich selbst ausprobiert haben, können Sie sie in Ihrer Praxis sicherlich leichter bei anderen einsetzen.

Dieses Buch möchte Ihnen die Möglichkeit eröffnen, wieder mehr zu dem Menschen zu werden, als der Sie ursprünglich angelegt waren, bevor traumatische Lebenserfahrungen der Kindheit die Entwicklung Ihrer Persönlichkeit teilweise negativ und behindernd beeinflusst haben. Mit der Anwendung von BSFF können Sie die Ursprünge von Missstimmungen und Fehlverhalten dahingehend verändern, dass Sie fortan die Wahl haben, die Möglichkeit zu anderem Empfinden oder Handeln. Sie erlangen in emotionaler, mentaler, physischer und spiritueller Hinsicht Freiheit von den negativen Effekten dieser Unannehmlichkeiten und setzen dann Ihr Leben ohne selbstschädigende Emotionen fort.

Nach der Bearbeitung eines Problems mit BSFF wird sich im Umkreis der bisher problematischen Umstände einiges für Sie ändern. Sie werden dann nämlich auch in solchen Situationen wieder bewusst wählen und entscheiden können, in denen Sie zuvor aufgrund unbewusster Beschränkungen durch Glaubenssätze und Blockaden nur automatisch reagiert haben. BSFF beseitigt psychische Beschränkungen, Blockaden, negativ wirkende Glaubenssätze sowie belastende Emotionen und setzt dadurch einen natürlichen Genesungsprozess in Gang. Als Folge dieser Entwicklung sind zusätzlich auch noch positive Auswirkungen auf den Körper möglich.

Mit BSFF entfernen Sie ganz einfach, schnell und sanft alle negativen Emotionen, Verhaltens- und Denkweisen auf allen Ebenen Ihrer Lebenserfahrung. Es ist anwendbar bei allen Arten von Problemen emotionaler, körperlicher oder geistiger Art, also dann, wenn Sie in einem dieser Bereiche …

… nicht optimal (nach Ihren Vorstellungen) funktionieren,

… sich nicht wohl fühlen oder nicht so handeln können, wie Sie eigentlich möchten,

… sich nicht in Ihrer Mitte beziehungsweise im Gleichgewicht fühlen,

… sich mit sich selbst, anderen Personen oder Situationen nicht in gewünschter Weise in Harmonie und Frieden befinden, oder

… als Ergebnis der zuvor genannten Aspekte ungewünschte emotionale Empfindungen wie Ängste und Phobien, Traumata, Trauer, Depression, Schuld- und Schamgefühle, Süchte und Zwangsverhalten, Selbstwertprobleme, Beziehungsprobleme und Blockaden aller Art entwickelt haben und daher entsprechend eingeschränkt, also ohne alternative Wahlmöglichkeiten leben.

Wenn Sie mit BSFF an der Lösung eines Problems arbeiten, vollbringt Ihr Unbewusstes die eigentliche Arbeit. Um sich dies anschaulich zu machen, stellen Sie sich das Unbewusste als einen Computer vor, auf dem sozusagen eine neue Anti-Viren-Software installiert wird. Durch einen selbst gewählten Code wird dieses mentale „Anti-Viren-Programm" aktiviert, sobald Sie etwas Störendes bemerken, das Sie ausschalten möchten. Ihre bewusste Absicht, sich mit dieser Angelegenheit zu befassen, kombiniert mit dem Nennen des Codes, aktiviert also im Unbewussten den Prozess der Problemlösung. Bei der Umsetzung dieses Vorgangs hält es sich dann strikt an das vorgegebene, neue Programm.

Wie Sie das Unbewusste anweisen, in Zukunft in Ihrem Sinne und zu Ihrem Vorteil für Sie zu arbeiten, und was Ihr bewusster Anteil hierbei zu tun hat, das ist Inhalt dieses Buches. Sie werden lernen, die Ursprünge leichter Befindlichkeitsstörungen wie auch stark belastender Probleme erfolgreich und dauerhaft mit BSFF zu beseitigen. Was Ihnen momentan vielleicht noch als unmögliche „Zauberei" erscheinen mag, werden Sie nach den ersten Anwendungen deutlich spüren. Das Unbewusste wird Ihre Anweisungen befolgen und Sie können das Ergebnis an Ihrer körperlichen Reaktion oder Ihrem emotionalen Empfinden sofort überprüfen.

Notwendig hierfür ist die entsprechende einmalige Instruktion des Unbewussten, wie sie in Kapitel 2 dargestellt wird. Welche weiteren Schritte Sie bewusst tun müssen, damit Ihr Unbewusstes seine Arbeit erfolgreich durchführt, erfahren Sie der Reihe nach in der für die Durchführung notwendigen Abfolge. Um das allgemeine Verständnis zu erleichtern, werden einführend die Grundannahmen und wesentliche Begriffe der Methode erklärt. Als Abschluss der einzelnen Themengebiete werden die wichtigsten Gedanken und Abläufe nochmals in Kurzform zusammengefasst. Dies ermöglicht Ihnen einen schnellen Rückgriff auf wesentliche Elemente der Methode.

❊ ❊ ❊

Es mag Ihnen jetzt recht mühsam erscheinen, dass Sie ein ganzes Buch lesen und dabei noch aktiv sein sollen. Sie sollen trockene Instruktionen an Ihr Unbewusstes über sich ergehen lassen, anstrengende Denkarbeit beim Verstehen von Hintergründen leisten und „Behandlungssätze" erarbeiten ... – schöne Aussichten! Vielleicht haben Sie ja auch

schon mehrere Ratgeber oder Methodenbücher enttäuscht beiseitege-
legt, denn wenn Ihnen die Methode zur Lösung aller Probleme bereits
begegnet wäre, dann hätten Sie nicht nach diesem Buch gegriffen. Ist
das hier nicht nur ein weiterer „Geheimtipp" mit „Heilungsverspre-
chen" und angeblichen Aussichten auf Dauerglück – und wie üblich
natürlich ohne Garantie? Sie haben insoweit recht: Heilungsverspre-
chen und Dauerglück gibt es auch mit BSFF nicht. Allerdings kann ich
Ihnen zwei Dinge doch garantieren:

1. Zum einen haben Sie einen großen Teil der bewussten „Arbeit" erle-
   digt, sobald Sie das Buch gelesen und die Methode anzuwenden
   gelernt haben. Mit etwas Übung ist BSFF – verglichen mit anderen
   Methoden – extrem einfach und mit minimalem Zeitaufwand
   durchzuführen. Die Kosten-Nutzen-Analyse oder die Relation von
   Aufwand und Ergebnis spricht eindeutig für BSFF.

2. Doch was noch interessanter ist: Es gibt keine vergleichbare
   Methode, bei der Sie nur den Auftrag zur Problemlösung erteilen und die Richtung vorgeben müssen, während die eigentliche
   Lösungsarbeit unbemerkt und ohne weitere Anstrengung oder gar
   schmerzliche Erinnerung wie von selbst passiert. Sie müssen die
   Schrecken ihres Problems nicht nochmals durchleiden oder auch
   nur als Zaungast dabei sein, Sie erteilen vielmehr eine Weisung und
   lassen für sich „lösen".

Wenn Sie also schon zahlreiche arbeitsintensive und leidvolle Prob-
lemlösungsvarianten mit bescheidenem Ergebnis ausprobiert haben,
versuchen Sie es doch zur Abwechslung mit stressfreier Arbeitsteilung
im Verhältnis 10:90 und besserem Resultat! Zudem beauftragen Sie
auch noch einen „Profi" mit der Arbeit. Und zwar *den* Anteil Ihrer
Gesamtpersönlichkeit, der für diesen Job wirklich kompetent ist: Ihr
Unbewusstes. Keiner sonst hat nämlich Zugang zu den Bereichen, in
denen grundlegende Änderungen durchführbar sind.

Wie BSFF zu nutzen ist, das können Sie schnell lernen, und davon, *dass*
es wirkt, werden Sie nach nur *einer* Anwendung überzeugt sein. Wenn
Sie die Methode schon kennen, erfahren Sie hier die neuesten Verein-
fachungen und zusätzlichen Verbesserungen, die erst innerhalb des
letzten Jahres entwickelt wurden und die BSFF nochmals revolutio-
niert haben.

Ich selbst war immer auf der Suche nach Methoden, die einfach,
schmerzfrei und effektiv sind und die keine Abhängigkeit von Helfern

aller Art mit sich bringen, sondern von jedem Menschen eigenständig und erfolgreich ausgeführt werden können.

Als ich BSFF kennenlernte, wusste ich gleich, dass dieser „Treffer" allen meinen Kriterien in optimaler Weise entsprach. Allerdings war der Ablauf von BSFF früher noch etwas komplizierter und für eine Veröffentlichung in Buchform nicht wirklich geeignet. In jüngster Zeit hat Larry Nims sowohl die Durchführung wesentlich vereinfacht als auch die Effektivität durch geniale Zusatzanwendungen nochmals vertieft und gesteigert. Diese Neuerungen sind derzeit noch nur bei den Ausbildungen von Larry Nims und Don Elium (in den USA) erfahrbar, deutschsprachige Teilnehmer gab es außer mir bisher nicht. Sie erhalten also mit diesem Buch Informationen, die zum Zeitpunkt seines Erscheinens sonst in Europa noch kaum bekannt sind.

Dies wird sich nun hoffentlich schnell ändern! Die unglaublich tiefe und nachhaltige Wirkung von BSFF, die mir im Zuge meiner Ausbildung bei Larry Nims und Don Elium immer wieder auf einfühlsame und gleichzeitig professionelle Weise vor Augen geführt wurde, sollte auch im deutschsprachigen Raum leicht zugänglich werden. Es kann also auch für Sie sehr bald gelten:

BSFF: Bestimme dich Selbst – Frei von Fesseln !

1. Die Grundelemente von BSFF

Schlüsselbegriffe

Wie jede Methode greift auch BSFF auf allgemeine Ideen zurück, die Voraussetzung für das Verständnis der Methode sind. Um eventuelle Differenzen zum gängigen Sprachgebrauch zu klären und Ihnen einen ersten Eindruck vom geistigen Hintergrund von BSFF zu vermitteln, erläutere ich im Folgenden die wichtigsten Grundgedanken.

Das Unbewusste …

… ist der Anteil unseres Geistes, der jenseits der bewussten Wahrnehmung operiert. Es zeichnet sämtliche von außen kommenden Informationen, inneren Erfahrungen, Erinnerungen und energetischen Eindrücke auf. Jeder Mensch bildet aufgrund dieser Informationen und Eindrücke – hauptsächlich in den ersten Lebensjahren – grundsätzliche Überzeugungen zur eigenen Person, zu anderen Menschen, zu den zwischen diesen bestehenden Zusammenhängen und dem Leben an sich. Solche Grundannahmen bestimmen unsere subjektive Sicht der Welt: wie sie funktioniert, welchen Platz wir in ihr einnehmen und welche Art von Beziehung wir zu anderen Menschen haben. Unser Unbewusstes kreiert also:

- unser Selbstbild,

- das Ausmaß an Selbstvertrauen,

- die Vorstellung von den eigenen Fähigkeiten,

- die Einschätzung von Schwierigkeiten bei der Bewältigung des Lebens sowie

- das Ausmaß von Vertrauen in andere Menschen und höhere Kräfte.

Unser Bewusstsein nimmt Eindrücke wahr, versieht sie mit Kommentaren und sendet diese Vorstellungen und Einstellungen an unser Unbewusstes, das sie zu Programmen verarbeitet. Leider sehen wir Menschen nun einmal nicht nur die Sonnenseite der Dinge, sondern fixieren uns gerne auf das, was nicht „passt". So sind die Kommentare zu unseren Wahrnehmungen meist eher negativ ausgerichtet. Auch unsere grundlegende Sicht der Welt ist für gewöhnlich nicht über das Fokussieren von „Highlights" entstanden. Wir merken uns vielmehr eher die unerfreulichen Augenblicke, in denen man uns wehgetan und uns dadurch in Angst versetzt hat. Mit solchen Eindrücken, zusätzlich noch angereichert mit unseren unschönen Kommentaren, bombardieren wir unser Unbewusstes so lange, bis es begriffen hat und aus einzelnen Erlebnissen ein grundsätzliches Programm baut – vielfach leider kein sehr lebensdienliches.

Sobald zu einem Thema ein Programm existiert, vergleicht das Unbewusste sämtliche neuen und weniger massiven „Befehle" mit diesem Ursprungsprogramm und missachtet sie, wenn sie sich nicht decken. Es übernimmt also die Funktion eines *Wächters*, der alle eintreffenden Gedanken, Ideen, Vorstellungen und Weltbilder mit dem vergleicht, was zum jeweiligen Themenkreis bereits vorliegt, und Neuerungen sofort verwirft.

Wenn Sie sich also für Ihre eigenen Gefühle und Verhaltensweisen noch so sehr verfluchen – der Verursacher ist nicht Ihr scheinbar hinterhältiges Unbewusstes. Vielmehr haben Sie selbst – vermutlich in frühester Kindheit – aufgrund traumatischer Umstände ein damals hilfreiches Überlebensmuster gebildet und dem Unbewussten als Handlungsvorlage zugeteilt. An genau diese Weisung hält sich das Unbewusste seitdem und führt sie bei jeder ähnlichen Situation aus, selbst wenn das daraus resultierende Empfinden und Handeln heute nicht mehr angemessen ist.

Aufgrund seiner Position kann das Unbewusste sowohl als *Verursacher* wie auch als *Heiler* sämtlicher Probleme agieren, und das in Bezug auf jeden Aspekt unseres Daseins: in mentaler, emotionaler und spiritueller sowie vielfach als Folge auch in physischer Hinsicht. In dieser Tatsache liegt die große Chance eines Ansatzpunktes für hilfreiche Veränderung.

Mit BSFF wird Ihr Unbewusstes derart umprogrammiert, dass schädigende Grundhaltungen beseitigt und Probleme gemäß den neuen Wünschen Ihres Bewusstseins gelöst werden. Ausgehend von der Annahme, dass Ihr Unbewusstes schon immer alle Aufträge erfolgreich und unbeirrt ausgeführt hat, auch wenn sie letztlich nicht mehr zu Ihrem Wohle waren, wird über BSFF ein ebensolcher Prozess aktiviert, in diesem Fall jedoch ausschließlich in Ihrem Sinne und zu Ihrem Nutzen. Es ist dann nicht länger notwendig, dass Sie sich mit schmerzlichen Erinnerungen und belastenden emotionalen Programmierungen auseinandersetzen, die Ursache immer neuer Probleme sind. Vielmehr können Sie fortan Ihr Leben auf der Basis von Selbstbestimmung und unter Ausschöpfung aller gegebenen Fähigkeiten führen.

Emotionale Wurzeln ...

... sind unverarbeitete, meist negative emotionale Erfahrungen der Vergangenheit, die aufgrund alter Programmierungen niemals richtig ausgedrückt und dadurch aufgelöst werden konnten. Emotionale Wurzeln basieren fast immer auf schmerzhaften Erfahrungen im Umgang mit Autoritätspersonen oder Menschen, zu denen wir als Kind eine starke emotionale Bindung hatten und deren Urteil daher von wesentlicher Bedeutung war. Sie bilden sich also dadurch, dass wir uns in bestimmten Situationen herabgesetzt, entwürdigt, zurückgewiesen, missverstanden, missachtet, allein gelassen oder auf irgendeine Art ungerecht beurteilt und ungeliebt fühlen. Mit jeder weiteren, ähnlichen negativen Erfahrung entstehen zusätzliche emotionale Wurzeln mit weiteren Aspekten von Angst, Wut, Trauer oder Trauma und die schon bestehenden Wurzeln werden wieder belebt und gekräftigt. So entwickelt sich mit der Zeit eine Art emotionaler Statik; wir scheinen gewisse Erlebnisse und Vorkommnisse magisch anzuziehen; als logische Folge bilden sich feste Glaubenssätze zu den entsprechenden Themen. Aus den unzähligen Kombinationen zwischen emotionalen Wurzeln und Glaubenssätzen ergeben sich dann die jeweiligen Probleme oder Problemthemen.

Um es an einem Beispiel zu verdeutlichen: Als Säugling hatten Sie Hunger und weinten. Ihre Mutter war nicht so schnell zur Stelle, wie Ihr kindliches Verlangen es gebraucht hätte, und Sie fühlten sich allein gelassen, unbeachtet und ungeliebt. Dazu kamen noch grundlegende Überlebensängste, weil Sie aus Hunger geweint hatten und die Verzögerung des Fütterns als lebensbedrohend empfanden. Als Erwachsener wissen Sie heute, dass solche Situationen völlig normal sind und weder auf eine schlechte Mutter noch auf Ihre Überempfindlichkeit hinweisen. Passierte Ihnen dies als Säugling jedoch häufiger, mit Wartezeiten, die Ihnen zu lang erschienen, so prägte sich die frühe Erfahrung ein, dass Sie sich als ungeliebt, allein und ängstlich empfanden. Im Laufe Ihrer weiteren Kindheit waren Sie deshalb besonders sensibel, was ähnliche Situationen mit vergleichbaren Emotionen betraf – und wurden mit Sicherheit nicht enttäuscht!

Das Leben bietet eine Menge Möglichkeiten dafür, ein solches frühkindliches Weltbild bestätigt zu sehen. Mit der Zeit wird zur Gewissheit, was zuvor nur dunkle Vermutung war. Zu dem Gefühl, nicht geliebt oder beachtet zu werden und in schwierigen Situationen allein und verlassen zu sein, gesellt sich noch eine undefinierbare Angst, die schon lange nichts mehr mit der Lebensbedrohung durch Verhungern zu tun hat. Das ist der Moment, von dem an die Weichen gestellt sind für die Bildung eines passenden Glaubenssatzes in der Art von: „Keiner liebt mich", oder: „Ich bin immer allein und auf mich gestellt."

Glaubenssätze …

… sind feste Meinungen, Überzeugungen, die wir zu einem bestimmten Sachverhalt gebildet haben. Dies ist nicht grundsätzlich negativ zu beurteilen, denn das menschliche Wahrnehmen basiert auf der Übernahme von Glaubenssätzen. Die Welt ist so komplex, dass sie über die Sinne nicht ausreichend erfassbar ist. Um entscheidungs- und handlungsfähig zu bleiben, muss der Mensch die eintreffenden Informationen reduzieren und auf schon bestehendes Wissen zurückgreifen. In den meisten Bereichen des alltäglichen Lebens ist solch ein Verhalten hilfreich, vielfach sogar überlebensnotwendig; im sozialen Umgang und beim emotionalen Empfinden hat es jedoch oft schädigende Auswirkungen.

Die Entwicklung eines Glaubenssatzes könnte beispielhaft folgendermaßen beschrieben werden: Eine einschneidende Referenzerfahrung oder die Aussage wichtiger Autoritätspersonen – meist in frühester Kindheit – hat Ihre erste Meinung zu einem bestimmten Thema geprägt. Nehmen wir einmal an, Sie wurden in einer für Sie bedeutungsvollen Situation von einem älteren Kind ausgelacht. In diesem Moment fühlten Sie sich zurückgesetzt, beschämt und beleidigt. Die Befürchtung, das andere Kind könnte Recht gehabt haben, ließ Sie zusätzlich noch an Ihrem Selbstwert zweifeln. Dadurch bekamen Sie auch Angst, in der Gemeinschaft nicht zu genügen und daher alleine gelassen zu werden, was für Sie als Kind das Überleben bedroht hätte.

Das menschliche Denken funktioniert nun leider derart, dass solche unbewussten Schlussfolgerungen aus wichtigen Lebenserfahrungen allgemeine Gültigkeit für künftiges Empfinden und Handeln erhalten. Sie haben daher fortan Ihre Aufmerksamkeit unbewusst nur noch auf *die* Art von Informationen gerichtet, die Ihren Glaubenssatz gestärkt und bewiesen haben. Gegenteilige Indizien hat Ihr Bewusstsein kaum noch wahrgenommen und Ihre subjektive Meinung wurde mehr und mehr zu scheinbar eindeutig bewiesener Realität. Auch in dieser Hinsicht haben sich in Ihrem Leben fortan ausreichend „Chancen" ergeben, Ihren Glaubenssatz zu festigen – Chancen, die Sie eifrig ergriffen haben. Endlich können Sie es nun mit scheinbarer Sicherheit von sich behaupten: „Ich bin eine lächerliche Figur", oder: „Ich bin wertlos."

Hier beweist das Unbewusste nachhaltig seine Funktion als absolut treuer Diener, nur leider mit sehr negativen Folgen. Es vergleicht neu Erlebtes mit bestehenden Glaubenssätzen und ordnet entsprechend zu oder sortiert aus – exakt gemäß der Instruktion, die Glaubenssätze zur Messlatte zu machen. Sämtliche eingehenden Gedanken und Gefühle werden über die Glaubenssätze gefiltert, Entscheidungen und Handlungen werden von ihnen bestimmt. Die Gesamtheit aller Glaubenssätze funktioniert wie ein Computerprogramm, mit dem unser Unbewusstes programmiert ist.

Je jünger der Mensch zum Zeitpunkt der Entstehung eines einschränkenden Glaubenssatzes war, desto dramatischer wird sein Leben von diesem beeinflusst. Außerdem sind Glaubenssätze *in der Kindheit* vielfach überlebensnotwendig und hilfreich, während sie später für den Erwachsenen zunehmend unangebracht und lebensfern werden und sich dadurch noch negativer auswirken.

Probleme …

… entstehen, sobald emotionale Wurzeln in dazu passende, schädigende Komplexe von Glaubenssätzen, die sogenannten Glaubenssysteme, eingebaut werden. Ein solches Set unverarbeiteter Aspekte von Angst, Wut, Trauer und Trauma verfestigt immer neue Schwierigkeiten. Das jeweilige Glaubenssystem stellt sicher, dass Probleme aufgrund bestimmter, meist nicht bewusster Auslöser wie automatisch ablaufende Programme immer wieder auftreten.

Ein Problem steht unter vollständiger Kontrolle des Unbewussten und bleibt es auch, mit bewusstem Denken kann dieser Zustand meist nur teilweise und vorübergehend beseitigt werden. Dauerhafte

Veränderung und damit die Lösung des Problems ist erst möglich, wenn die emotionalen Wurzeln und der dazugehörende Glaubenssatz vollständig beseitigt sind.

Themen ...

... setzen sich aus zwei oder mehreren Problemen zusammen, die dann in der jeweiligen Situation zusammenarbeiten, was manchmal sogar bis ins Bewusstsein dringt. Themen sind daher wesentlich umfangreicher als einzelne Probleme; für die erfolgreiche Nutzung von BSFF spielt das Ausmaß eines Anliegens jedoch keine Rolle. Im Falle sehr komplexer Themen bearbeitet das Unbewusste dann gleichzeitig eine Vielzahl von emotionalen Wurzeln mit den jeweils dazugehörenden Glaubenssätzen, ohne dadurch weniger effektiv zu werden.

Die Absicht ...

... desjenigen, der BSFF für sich nutzen möchte, ist hier der *Schlüssel* zur Veränderung. Der geistige Entschluss des Anwenders ermöglicht es, Zweck und Ziel festzulegen und eine Aktion zu starten. Signal für den Beginn der Problemlösungsaktivitäten ist der persönliche Code.

Der Code ...

... aktiviert die Aufmerksamkeit des Unbewussten und signalisiert diesem, die Bearbeitung eines Problems oder Themas zu starten. Er umfasst ein Wort oder einen kurzen Satz und kann gedacht, geflüstert, gesungen oder ausgesprochen werden. Aus praktischer Sicht betrachtet ist ein wirksamer Code kurz, einfach und schnell verfügbar.

Die „Behandlung" ...

... wird vom Unbewussten eigenständig und meistens innerhalb von Sekunden durchgeführt, unmittelbar nach dem absichtsvollen Denken oder Sprechen des Codes. Das Ergebnis kann anschließend mit einem Prüfverfahren wie Muskeltest oder Skalierungstechnik überprüft werden. (Näheres zu diesen Prüftechniken siehe unten, im entsprechenden Kapitel dieses Buches. Zwar nimmt die Beschreibung des von vielen professionellen Anwendern eingesetzten kinesiologischen Muskeltests im vorliegenden Buch den größeren Raum ein, doch bedeutet dies keinesfalls, dass BSFF nicht auch ohne Beherrschen des Muskeltests angewendet werden könnte!)

„Behandlung" ist nicht im medizinischen Sinne gemeint

Es sei ausdrücklich betont, dass der Begriff „Behandlung" hier nicht im medizinischen Sinne zu verstehen ist, sondern dass damit die *Beschäftigung* mit Problemen, die *Bearbeitung* derselben (im alltagssprachlichen Sinne) gemeint ist. Vor allem in den weiter unten vielfach angeführten standardisierten Sätzen zum Ablauf, die direkt vom amerikanischen Begründer der Methode übernommen wurden, ist von „Behandeln" die Rede. („Behandlungssätze") Hauptsächlich handelt es sich da um Anweisungen an das Unbewusste. Mit diesem „Behandeln" ist also immer das Anwenden von BSFF gemeint. Da sich unser Unbewusstes nicht um begriffliche und rechtliche Spitzfindigkeiten kümmert und möglichst klare Anweisungen benötigt, kann die mit doppelter Bedeutung belegte Bezeichnung „Behandeln" in den Instruktionen vielfach nicht vermieden werden. Sie musste auch deswegen übernommen werden, weil die amerikanische Urfassung der Methode (dort heißt es *treatment*) nicht verfälscht werden sollte.

Für den methodischen Ablauf ist es vorrangig wichtig, sämtliche Perspektiven, die mit dem Problem oder Thema verbunden und wahrnehmbar sind, extrem gründlich und hinsichtlich aller auftauchenden Aspekte zu bearbeiten, denn ein vergessener Anteil kann das gesamte Thema wieder aufbauen.

Alles, was Sie aus dem Zustand von Liebe, Freude, Freundlichkeit, Güte, Sanftheit, Geduld, Selbstkontrolle, Frieden und Vertrauen aussteigen lässt und entsprechend mental, emotional, körperlich oder spirituell wahrnehmbar wird, sollten Sie sofort als Problem auffassen und codieren. Herkunft, Umstände oder Einzelheiten des Problems müssen hierfür nicht bekannt sein und die Symptome nicht genau beschrieben werden. Wahrnehmen und kurzes Verbalisieren reichen völlig aus, Ihr Unbewusstes kümmert sich um den Rest, nämlich die eigentliche Problemlösung.

Mit BSFF „behandeln" Sie weder Symptome noch medizinische Probleme, sondern Sie verändern die psychischen Hintergründe der jeweiligen Fehlfunktion. Daher hat auch jede Form von Medikamentierung, die das Bewusstsein nicht ausschaltet, keinen Einfluss auf den Erfolg der Anwendung.

Der Dialog ...

... mit dem Unbewussten ist ein wesentlicher Bestandteil der Anwendung von BSFF. So wie Sie dem Unbewussten zu Beginn die Instruktionen erteilen, damit es weiß, was es fortan wann und wie zu tun hat, sollten Sie es auch während des Prozesses immer wieder in den Ablauf einbinden. Das kann notwendig werden, wenn Sie ihm etwas genau erklären oder ihm zusätzliche Anweisungen geben müssen. Zusätzlich hilfreich wäre, wenn Sie sich grundsätzlich angewöhnten, mit ihrem unbewussten Anteil auf einer für Sie passenden Ebene zu kommunizieren. Ein solcher innerer Dialog mit dieser Instanz kann erstaunliche Einsichten bringen und Gedanken hervortreten lassen, die Ihnen den weiteren Weg und die optimale Richtung der Anwendung verdeutlichen.

Wenn Sie nicht mehr weiter wissen, Ihr Problem nicht genau definieren oder eingrenzen können, Informationen zu den Hintergründen benötigen oder einfach eine zündende Idee brauchen, bitten Sie Ihr Unbewusstes um Hilfe. Wenn Sie es mehr als achtsamen Diener oder freundlichen Helfer behandeln und nicht wie bisher meist als Gegner, den man verurteilt, beschimpft und wegzusperren versucht, wird es Ihnen gute Dienste leisten und nützliche Informationen übermitteln.

Mit der Zeit und einiger Übung im Anwenden von BSFF können Sie ein immer stärker partnerschaftlich geprägtes Verhältnis zu Ihrem Unbewussten aufbauen und vielleicht sogar lernen, Ihr Bewusstsein tiefer in Ihren unbewussten Bereich eintauchen zu lassen. Das dort gelagerte Wissen ist dem Bewusstsein zwar nicht direkt zugänglich; man kann aber mit zunehmender Routine über die Intuition Nutzen daraus ziehen. Es liegt in Ihrem Ermessen, mit Hilfe von BSFF Ihrem Unbewussten im Dialog immer mehr Mitteilungen zu entlocken oder es über entsprechende Instruktionen zur Preisgabe von Wissen und Fähigkeiten zu bewegen. Auch wenn aus Sicht der Neurologie angeblich jede Einflussnahme auf den Bereich der rechten Gehirnhälfte unmöglich sein soll, so sind die Grenzen nicht wirklich festgelegt und BSFF bietet Instrumente für eine effektive „Grenzüberschreitung". In jedem Fall kann die regelmäßige Anwendung der Methode den Übergang zu Ihrem Unbewussten durchlässiger werden lassen und Sie aufmerksamer dafür machen, die jeweilige Information auch wirklich zu erkennen und zu verstehen.

Das Fail-Safe ...

... ist ein spezielles Verfahren, das bei der Anwendung von BSFF eine wichtige Rolle spielt. *Fail-Safe* könnte man frei übersetzen als: Technik zur Absicherung gegen Misslingen. Das Fail-Safe-Verfahren ist also eine Art Störungssicherung, ein Spezialprogramm im Ablauf von BSFF, das immer dann zur Anwendung kommt, wenn die Behandlung aufgrund innerer Widerstände gegen Veränderungsprozesse stagniert und daher zunächst einmal diese Widerstände zu beseitigen sind.

Wenn nach mehrfachem (für gewöhnlich sieben- bis zehnmaligem) Codieren keinerlei Veränderung in der Einschätzung des gerade bearbeiteten Problems erfolgt (oder über ein eventuelles Testverfahren keine Verbesserung nachweisbar ist), können Sie davon ausgehen, dass unbewusste Mechanismen am Werk sind, die so stark sind, dass sie jede Form von Veränderung blockieren können. Es arbeiten dann mehrere Probleme systematisch im Verbund zusammen, um sicherzustellen, dass die Codierung wirkungslos bleibt und dass keine Veränderung stattfindet.

In einem solchen Fall wenden Sie das Fail-Safe-Verfahren an, das weiter unten im entsprechenden Kapitel noch genauer erklärt wird. Dieses Programm besteht aus einem Set spezieller Prüf- und Behandlungssätze, mit deren zielgerichteter Codierung Sie solche unbewussten Widerstände ausräumen, damit Sie anschließend die Anwendung von BSFF erfolgreich weiterführen können.

Grundannahmen

Die Anwendung von BSFF bringt Ihnen Handlungsfreiheit zurück in Bereichen, wo Sie zuvor aufgrund unbewusster Glaubenssätze und emotionaler Programmierungen automatisch reagieren mussten. Sie handeln dann nicht grundsätzlich anders, sondern werden vielmehr fähig, sich zu einer anderen Art von Handlung zu entschließen, als Sie es bisher getan hätten. Auch wird Ihnen bei der Anwendung von BSFF nichts von außen vorgegeben oder für Sie durchgeführt. Die Verantwortung liegt immer bei Ihnen, aber Sie können dann aktiv eine Wahl zu treffen, wo Ihnen dies zuvor nicht möglich war.

Neben diesem wichtigen Prinzip der Selbstbestimmung baut BSFF auf verschiedenen weiteren wichtigen Grundsätzen und Grundannahmen auf. Damit Sie seine Wirkungsweise leichter nachvollziehen können, werden im Folgenden die theoretischen Hintergründe zu Entstehung, Aufbau, Erscheinungsbild, Lebensdauer und Handhabung von Problemen aus der Sicht von BSFF erklärt:

- Quelle sämtlicher psychischen Probleme sind ungelöste negative Emotionen und Glaubenssätze.

- Entstehung, Intensität, Dauer, Häufigkeit und Zweck psychischer Symptome werden durch unbewusste Programmierungen bestimmt. Die meisten dieser emotionalen Reaktionen und Verhaltensweisen laufen automatisch ab. Sie werden also nicht bewusst oder gezielt eingesetzt und sind mit herkömmlichen Methoden über das Bewusstsein kaum zu beeinflussen.

- Die emotionalen Wurzeln bilden in Verbindung mit den tiefsten Ursachen von Problemen ein elektromagnetisches Muster im Körper, aufgrund dessen Gedanken, Gefühle und Verhalten immer wieder in denselben Bahnen verlaufen. BSFF neutralisiert solche negativen Energien in diesen emotionalen Wurzeln schnell und sanft und beseitigt dadurch Glaubenssysteme, die Probleme schaffen oder erhalten.

- Der Wunsch zur Veränderung störender Verhaltensweisen ist meist gegeben, die Umsetzung scheitert jedoch daran, dass der bewusste Wille von unbewussten Programmen blockiert wird.

- Um völlige Freiheit von den Auswirkungen problematischer Gegebenheiten zu erlangen, ist die vollständige und dauerhafte Beseitigung schädigender Glaubenssysteme und deren emotionaler Wurzeln erforderlich.

- Die Meridiane werden zwar von psychischen Problemen betroffen, sind jedoch nicht deren Auslöser und haben daher auch keine direkte Kontrolle über solche Phänomene. Der Lösungsprozess kann also letztlich nicht durch das „Klopfen" von Meridianen bewirkt werden („Klopfakupressur"), sondern ist ausschließlich auf dem Weg über das Unbewusste steuerbar.

- Die persönliche Geschichte und sämtliche Lebenserfahrungen eines Menschen sind im Unbewussten gespeichert; es hat damit auch den Überblick über alle psychologischen Vorgänge.

- Das Unbewusste akzeptiert sämtliche über die BSFF-Instruktionen vorgegebenen Anweisungen und führt die notwendigen Schritte (Veränderungen) konsequent durch, sobald es mittels Code dazu angewiesen wird.

- Unbewusste Information kann über den Muskeltest zugänglich gemacht werden, kombiniert mit sonstigen fachlichen Kenntnissen.

- Mit der Anwendung von BSFF bearbeitet man effektiv alle psychischen, psychosomatischen oder spirituellen Probleme, die emotionale Ursachen haben. Die einzige Einschränkung hierbei ist eigener Widerstand – hauptsächlich die Angst, positive Veränderung zu erschaffen, zuzulassen und zu genießen.

- Durch die Arbeit mit BSFF werden nur die überflüssigen und beeinträchtigenden Gefühle entlassen. Emotionale Freiheit bedeutet also nicht, keine Gefühle mehr zu haben, sondern frei darüber entscheiden zu können, welche Art von Gefühlen man haben will und welche nicht.

- Ein Problem bewusst identifizieren, beschreiben und verstehen zu können ist für effektive Abhilfe nicht erforderlich. Das bloße Wahrnehmen eines Problems reicht für erfolgreiche Bearbeitung aus.

- Auf jedes Problem – unabhängig von seiner Entstehung oder Benennung – kann augenblicklich immer dasselbe BSFF-Verfahren angewendet werden. Es gibt also keine Sonderprobleme, die aufgrund ihrer Schwere einer speziellen „Behandlung" bedürfen.

- BSFF ist eine optimale Methode für extrem emotionsgeladene Themen, weil die Gefühle nicht nochmals durchlitten werden müssen. Sie gelangen im Verlauf der Beschäftigung mit der Thematik nicht an die Oberfläche, sondern werden schon im unbewussten Bereich aufgelöst. Die Gefahr, während des Bearbeitungsprozesses von seinen Gefühlen überwältigt zu werden, ist somit nicht gegeben.

- Mit BSFF kann man Probleme so lange erfolgreich bearbeiten, bis man dabei auf einen unbewussten Selbstsabotage-Mechanismus trifft. Dieses sogenannte *Fail-Safe*, das in einem späteren Kapitel genau beschrieben wird, ist dann mit einem speziellen Verfahren zu beseitigen, bevor man die Bearbeitung des eigentlichen Problems fortsetzt.

- Es kann zusätzliche Probleme geben, die mit dem gerade bearbeiteten Problem zusammenhängen und die weiterer oder gesonderter Bearbeitung bedürfen. Aufgrund solcher *versteckten Probleme* und der Art und Weise, wie unser Bewusstsein arbeitet, kann es immer noch ein *Mehr* des Problems geben, das zunächst nicht sichtbar wird – ein weiterer Grund für extreme Präzision und die Notwendigkeit, auch das Umfeld des Problems ganz genau zu untersuchen.

- Das Unbewusste hat das jeweilige Problem erzeugt und verfügt über die Fähigkeit, es wieder zu lösen. Dafür ist es notwendig, extrem gründlich, fokussiert, präzise und ausdauernd beim Thema zu bleiben. Manche Probleme sind leichter zu lösen als andere, Sorgfalt und Ausdauer werden jedoch letztlich meist zum Ziel führen.

- Wenn die Anwendung von BSFF nicht oder nicht mehr funktioniert, gibt es zwei hauptsächliche Ursachen:
  – *Fehlende Gründlichkeit:* Das „Basisprotokoll" wurde nicht in allen Punkten korrekt angewendet oder die besonders wichtige Schlusssequenz wurde ausgelassen (was die gesamte schon bearbeitete Problematik zurückholen kann).
  Es geht bei der Anwendung von BSFF keineswegs um absolute Perfektion, sondern um Gründlichkeit. Die Bearbeitung unwesentlicher Problemaspekte hat keinerlei negative Auswirkungen, sondern verlängert nur die Dauer der Anwendung; dagegen bringt das Übersehen wesentlicher Aspekte das Gesamtproblem wieder zurück.
  Oft wird die Methode auch in einem Mix mit anderen Methoden angewandt, was dann ebenfalls auf Kosten der Gründlichkeit geht. Notwendige Elemente können leicht übersehen und die Fokussierung des Unbewussten auf seine Anweisungen kann behindert werden.
  – *Mangelhafte Zieldefinition:* Zweck und Absicht des Veränderungsbemühens werden nicht genau definiert oder es wird ein Ziel anvisiert, das nicht im Bereich der eigenen Kontrolle liegt. Aus diesem Grund ist es optimal, das Ziel samt seinen wichtigsten Kriterien schriftlich festzuhalten und dann eingehend auf seine Durchführbarkeit zu prüfen.

- Probleme können zurückkommen aufgrund von
  - bewusster Wahl,
  - Nachwachsen eines unbearbeiteten Aspekts,
  - zusätzlichem, neuem Trauma zum gleichen Thema.

Maßgebliche Faktoren

Bei der Anwendung von BSFF werden Probleme nicht schulpsychologisch klassifiziert oder graduiert, sondern lediglich als momentan gegebene Fakten definiert, die es zu ändern gilt. Bestimmte typisch menschliche Neigungen haben allerdings einen besonderen Stellenwert, da sie die Wirksamkeit der Methode stark beeinflussen können. In erster Linie handelt es sich hierbei um die unbewussten Kontroll- und Abwehrmechanismen nach der Art von Lügen und Vorwürfen.

Lügen & Leugnen

Alle Verhaltensweisen im Umfeld von Lügen und Leugnen bewirken teilweise unbewusste psychische Abläufe, die die optimale Entwicklung der Persönlichkeit stark behindern. Mechanismen wie Lügen, Leugnen, Vermeiden und Kontrollieren sind nützliche Überlebensmuster für extrem schmerzhafte oder sogar existenzbedrohende Situationen. Wenn solche ursprünglich lebenserhaltenden Programme jedoch mit der Zeit zu festen Gewohnheiten werden, schränken sie die Möglichkeiten eigener Entscheidungen extrem ein. Der in Notsituationen entworfene illusionäre Eindruck von Wirklichkeit hilft nämlich nur kurzfristig, den Schmerz nicht zu fühlen oder die Schuld anderen zuzuschieben. Erst die Konfrontation mit der Wirklichkeit und deren Akzeptanz kann Erleichterung bringen und den Druck lösen.

Jeder von uns hat als Kind gelernt, sich vor Bedrohung zu schützen, indem er die Wahrheit mehr oder weniger, aber vor allem zweckdienlich, „veränderte" und bestimmte Tatsachen ganz einfach aus dem Bewusstsein beseitigte. Dies sind oft erprobte, hilfreiche Mechanismen, die uns auch als Erwachsene noch begleiten. Gewisse Probleme sind jedoch nicht dauerhaft lösbar, wenn solche Verhaltensweisen nicht erkannt und im konkreten Fall beseitigt werden.

BSFF hilft uns dabei, auch *die* Gefühle vorübergehend zu ertragen, zu bearbeiten und zu neutralisieren, die uns sonst zwingen würden, wieder auf bewährte Muster nach der Art von Lügen und Leugnen (als „lebenserhaltende" Maßnahmen) zurückzugreifen. Mit der Option auf Entscheidungsfreiheit und weiterführende positive Veränderung der eigenen Persönlichkeit liefert uns BSFF jedoch ausreichend Gründe, uns unseren Lügen, Verleugnungen und Kontrollmechanismen zu stellen und uns auch die Dinge anzusehen, die wir bisher gemieden haben. Erst dann lassen sich die jeweiligen Probleme lösen – meist in Verbindung mit Themen von Schuld und Scham und der dann notwendigen Vergebung.

Vergeben & Verzeihen

Ein extrem wichtiger Faktor bei der Arbeit mit BSFF ist das Thema *Vergebung*, bezogen auf sich selbst und andere Menschen. Nach Auffassung von Larry Nims nährt jedes „Unverzeihen" (seine spezielle Wortschöpfung für den Zustand des Nicht-verzeihen-Könnens) gegenüber sich und anderen die eigenen Probleme und erhält sie aufrecht. In einem Artikel über die „schrecklichen Kosten von Unverzeihen" stellt er seelische und spirituelle Konsequenzen von Wut, Verurteilung, Kritik und Unverzeihen wie folgt dar:

– Der psychische Schmerz, den ein „Vergehen" in uns ausgelöst hat, bleibt lebendig.

– Wir blockieren eine gesunde Kommunikation und eine mögliche Versöhnung mit dem „Täter".

– Wir erfahren ähnliche Vergehen an uns von anderen, die uns an den Täter erinnern.

– Wir ziehen ähnliche Situationen, Menschen und Verletzungen an.

– Unter bestimmten Umständen, wenn der Schmerz alter Verletzungen wieder ausgelöst wird, *reagieren* wir nur noch. Wir werden in unserem Denken, Empfinden und Handeln zum Teil fremdbestimmt und lassen zu, dass unsere Kraft und Freiheit eingeschränkt werden.

– Wir machen es uns damit unmöglich, jemals die Wahrheit über das Ereignis, das unsere Beziehung verletzt hat, zu erfahren und daraus zu lernen.

– Unsere negativen Haltungen vergiften unsere übrigen Beziehungen.

- Wir erschweren es uns, neue, gesündere und befriedigendere Beziehungen einzugehen.
- Wir laufen Gefahr, gehässig, nachtragend und bitter zu werden.
- Auf tiefster psychischer Ebene misstrauen, missachten und entwürdigen wir uns selbst.
- Solange wir uns in der Rolle eines Richters oder Vollstreckers befinden, blockieren wir jegliche Hilfe und Heilung *von oben*.
- Unser Geist und unsere Seele ziehen sich immer mehr zurück.

Sich und anderen nicht verzeihen zu können verhindert ein Leben im Einklang mit der Welt und wirkt – so Larry Nims – wie ein inneres, geistiges Gift aus Wut und Bitterkeit. Letztlich führt Unverzeihen zu enormen emotionalen „Folgekosten" in Form von belastenden Lebensumständen, Unfähigkeit zur Lösung von Problemen oder ständig wiederkehrenden Schwierigkeiten.

Das Festhalten an der Verurteilung anderer ist wohl ein uns allen bekanntes Gefühl. Wenn wir in problematischen Situationen nicht gerade damit beschäftigt sind, uns selbst in irgendeiner Form zu geißeln, dann gibt es immerhin noch die zweite Möglichkeit: Irgendjemand anderer muss schuld sein und wird dafür gnadenlos verachtet – für immer und ewig. Die *ungerechterweise* aus eigener Not erschaffenen Feindbilder sind mit etwas Realitätssinn noch relativ leicht zu erkennen, zu hinterfragen und aufzulösen. Weit schwieriger erscheint uns der Ausstieg aus dem Kreislauf von Verurteilung und Unverzeihen, wenn ein Vorwurf *tatsächlich begründet* ist. Meist bemessen wir hier die Dauer und Stärke unseres Grolls nach der „Schwere" des „Vergehens".

Abgesehen von den Zwischenstufen gibt es natürlich auch die nach geltendem Recht und sozialem Übereinkommen eindeutige Schuld. Hier scheint Unverzeihen legitim, angebracht und Vergebung scheint undenkbar zu sein – was bei großem Leid sicher nachvollziehbar ist. Dennoch sollte man gerade in solchen Situationen die Kosten gegen den Nutzen abwägen. Auch die schlimmsten Taten sind durch negative Emotionen, Rache oder Unverzeihen kaum wieder rückgängig zu machen, die Nachteile solcher Reaktionen für einen selbst sind jedoch absolut sicher.

Für langfristigen Erfolg mit BSFF ist es unumgänglich, dass Sie alle mit dem jeweiligen Problem verbundenen Gefühle von Wut, Verurteilung,

Kritik, Hass, Rache und Unverzeihen (Ihnen selbst, anderen Menschen sowie gegebenen Sachverhalten gegenüber) vollständig beseitigen. Solange noch solche Gefühle vorhanden sind – selbst wenn sie Ihnen nicht bewusst sind –, ergeben sich dramatische Konsequenzen im psychischen, seelischen und spirituellen Bereich. Erst über Vergebung erlangen Sie Unabhängigkeit von der betreffenden Person und können damit wirkliche Freiheit von Einschränkungen durch das jeweilige Problem erreichen.

In Anbetracht seiner Bedeutung wird dieser Problembereich im Ablauf von BSFF speziell berücksichtigt. In der Abschlusssequenz jeder „Behandlung" werden deshalb vier Kurzaussagen codiert, die alle Formen von Unverzeihen oder Nichtvergeben vollständig beseitigen, einschließlich aller daran beteiligten Emotionen, die das Problem im Laufe der Bearbeitung begleitet haben.

⚠ Das Wichtigste in Kurzform

BSFF, das „Anti-Viren-Programm" für die Psyche, ...

... wurde entwickelt von Dr. Larry Phillip Nims, einem klinischen Psychologen aus den USA.

... ist eine zur Selbsthilfe geeignete Methode der Bearbeitung aller Arten von emotionalen Befindlichkeitsstörungen: Das Unbewusste eliminiert hierbei selbstständig, vom Bewusstsein lediglich aktiviert durch Aussprechen eines Codewortes, sowohl die Wurzeln der Beschwerden als auch die sogenannten Glaubenssätze, jene einschränkenden und schädigenden Grundsatzüberzeugungen, die das Problem aufrechterhalten.

... *kategorisiert* unterschiedliche Probleme grundsätzlich nicht, sondern beseitigt die zugrunde liegende Störung, unabhängig von der Zusammensetzung des Problems. Der Ablauf des Prozesses bleibt immer gleich, was die Anwendung wesentlich vereinfacht.

... entfernt auf einfache, schnelle und sanfte Art negative Emotionen, Verhaltens- und Denkweisen auf allen Ebenen der Lebenserfahrung.

... ermöglicht die Befreiung von einschränkenden und destruktiven emotionalen Programmen und dadurch den Wechsel vom automatischen Reagieren zu selbst gewähltem Handeln.

… funktioniert, weil es dem Zusammenspiel der bewussten und unbewussten Prozesse in der menschlichen Psyche optimal entspricht, weil es also der Entwicklung mentaler und emotionaler Prozesse perfekt angepasst ist.

… berücksichtigt die unbewussten Kontroll- und Abwehrmechanismen wie Lügen und Vorwürfe sowie mit der Notwendigkeit des Verzeihens als Voraussetzung emotionaler Unabhängigkeit.

… ist leicht erlernbar und beobachtbar, bringt messbare Ergebnisse, arbeitet auf geordnete Art und ist daher wiederholbar. Damit erfüllt BSFF mehrere Grundbedingungen effektiver Therapie – sicherlich ein Grund dafür, dass es bereits in mehr als 35 Ländern der Welt angewendet wird.

2. Die Instruktionen für das Unbewusste

Zu Beginn der Arbeit mit BSFF leiten ausführliche Anweisungen Ihr Unbewusstes durch einen Prozess, in dem es sämtliche Details seiner späteren Aufgaben erklärt bekommt. Wie zuvor bereits kurz erwähnt, besteht die Arbeit mit BSFF im Kern darin, dass Sie Ihr Unbewusstes anweisen, die von Ihrem Bewusstsein wahrgenommenen Probleme zu lösen. *Wie* ihr Unbewusstes dies zu tun hat, wird ihm in präzisen *Instruktionen* erklärt, und *wann* es gemäß diesen Weisungen aktiv werden soll, das wird ihm über das Denken oder Sprechen eines *Codes* signalisiert. Die Instruktionen helfen Ihrem Unbewussten zu verstehen, was der bewusste Teil Ihrer Persönlichkeit als *Problem* begreift. Außerdem erfährt es die Bedeutung des Codes und lernt, was es im gegebenen Fall, wenn es also durch den Code dazu aufgefordert wird, zur Lösung eines Problems zu tun hat.

Gleich zu Anfang wird dafür dem Unbewussten Ihr Code mitgeteilt. Hierzu setzen Sie verbal oder gedanklich in den Satz „Der Code, den wir gewählt haben, lautet: ..." einen Begriff Ihrer Wahl ein. Dieser Code ist von da an bei der Anwendung von BSFF das Stichwort für Ihr Unbewusstes, ein gerade bemerktes Problem gemäß den ihm aufgetragenen Anweisungen zu lösen.

Im besten Fall besteht Ihr Code aus nur einem Wort oder einem Kurzsatz, weil mit zunehmender Länge der gesamte Ablauf nur unnötig verlängert wird. Da er nur das Signal für das Unbewusste darstellt, mit der Arbeit gemäß der Instruktion zu beginnen, kann der Code aber auch ein Brummen, Augenzwinkern, Fingerschnippen oder irgendeine andere Form von Laut oder typischer Bewegung sein. Wichtig ist nur, dass er für Sie nicht allzu sehr emotional belastet ist (wie für viele Menschen beispielsweise das Wort „Geld"), damit neben dem gerade bearbeiteten Problem nicht noch weitere Befindlichkeitsstörungen entstehen.

Der Code hat nur die Funktion eines Auslösers für den eigentlichen Prozess, es ist also nicht zwingend notwendig, dass er von Sinn und Inhalt her für Sie eine wichtige oder positive Bedeutung hat. Dennoch bevorzugt Ihr bewusster Persönlichkeitsanteil erfahrungsgemäß sehr wohl eine zusätzliche Bedeutung dieses Befehlswortes. In der Praxis haben sich in erster Linie Worte oder Kurzsätze als beliebt und tauglich erwiesen; die gängigsten Beispiele sind folgende:

Ideale	Werte	Aktionswörter	Zielzustände
Liebe	Leben	Los	Ich glaube
Erleuchtung	Gesundheit	Loslassen	Ich kann es
Frieden	Glück	Los geht's	Ich bin glücklich
Freiheit	Toleranz	Jetzt	Ich kann es umsetzen
Freude	Treue	Sofort	
Harmonie	Vertrauen	Umsetzen	
Heilsein	Wahrheit	Glücklich sein	
Verzeihen	Weisheit	Gesund sein	
Weisheit		Lebe Wahrheit	
		Ich ändere mich jetzt	

Natürlich können Sie auch ein ganz persönliches Wort benutzen, das eine schöne Erinnerung an ein angenehmes Erlebnis wieder bewusst macht, oder ein Fantasiewort, das für Sie einen angenehmen Klang oder eine mystische Bedeutung hat. Ebenso denkbar sind Namen von nahe stehenden Menschen oder Haustieren. Ihrem persönlichen Einfallsreichtum sind bei der Wahl des Codes keinerlei Grenzen gesetzt und der Code kann auch für immer Ihr persönliches Geheimnis bleiben, zu dem außer Ihnen und Ihrem Unbewussten niemand Zugang erhält.

Dennoch sollten Sie bei der Wahl Ihres Codes eines nicht vergessen: Dem Unbewussten ist Ihre subjektive Begeisterung für einen wohlklingenden oder berührenden Code völlig egal, es kennt keine Emotionen und „denkt" ausschließlich rational. Ihr Unbewusstes braucht ganz einfach nur irgendeine Form von Signal, damit es weiß, wann es den Prozess der Problemlösung zu beginnen hat. Solange dieses Signal nicht aufgrund seiner Beschaffenheit zusätzliche Störungen im menschlichen System verursacht, ist es dem Unbewussten recht und wird akzeptiert.

Hinweise zur Textgestaltung

Die folgenden Symbole werden im weiteren Verlauf des Buches Hinweise auf die Art eines Satzes oder die jeweils durchzuführende Aktion geben:

◎ = „Instruktion"

In dieser Art markiert und fett gedruckt sind die Anweisungen an das Unbewusste, die *einmalig* zu installieren sind – in Form des Vorlesens des jeweiligen Textes.

⟨!⟩ = „Behandlungsanweisung"

Solche Anordnungen betreffen die Art und Ausrichtung der Bearbeitung eines Problems. Sie beschreiben konkret das jeweilige Vorgehen und sind anschließend zu codieren, damit das Unbewusste den Prozess der Problembearbeitung startet.

✓Code = „Codieren!"

Dieses Symbol steht für die Aufforderung an den BSFF-Anwender, seinen jeweiligen persönlichen Code auszusprechen oder zu denken und damit sein Unbewusstes zur Bearbeitung eines Problems zu veranlassen.

! Test = „Testsatz überprüfen!"

Ein auf die jeweilige Problemsituation abgestimmter, auf dieses Symbol folgender Satz soll mit dem kinesiologischen Muskeltest oder mit einer anderen Technik überprüft werden.

Test − = „Test negativ"

Ein mit diesem Symbol bezeichnetes negatives Testergebnis (im Fall des Muskeltests meist in Form eines schwachen Muskels) ist anschließend zu codieren:

Test − ⇒ ✓Code = „Negatives Testergebnis codieren!"

Diese beiden Symbole hintereinander bedeuten also, dass die Aussage, die zu einem ungewünschten Testergebnis geführt hat, sofort so lange codiert werden soll, bis das Ergebnis positiv testet.

⁑ = „Schläfen klopfen!"

Dieses Zeichen steht für das Denken oder Aussprechen des Begriffs *Schläfenklopfen* oder *Temporal Tap* oder eines persönlich besser passenden Synonyms; anschließend ist jeweils zu codieren.

Der Abdruck dieser Symbole erfolgt, wenn mehrere Beispielsätze aufeinanderfolgen, nur beim ersten Beispiel. Sie gelten dann aber für alle nachfolgenden (mit Aufzählungspunkten markierten) Beispielsätze, bis zum nächsten Abschnitt oder bis zur Änderung des Symbols.

Die Wahl Ihres Codes spiegelt ausschließlich die Bedürfnisse Ihres *Bewusstseins* wieder, die natürlich zu berücksichtigen sind, damit sie bei der Anwendung von BSFF eine zusätzliche Freude haben und Ihr Bewusstsein das Gefühl bekommt, aktiv an der Problemlösung beteiligt zu sein. Auf die erfolgreiche Nutzung von BSFF hat die Art des Codes aber keinen primären Einfluss.

In jedem Fall erhält Ihr ausgewähltes Wort seine Wirksamkeit als Code erst mit Ihrer Absicht zur Nutzung im Zusammenhang mit der gezielten Bearbeitung eines Problems. Im normalen Gesprächsablauf können Sie den Begriff daher wie zuvor ohne irgendwelche Auswirkungen verwenden.

Die Hauptinstruktion

Die erste Instruktion ist so formuliert, dass sämtliche Anteile Ihrer Gesamtpersönlichkeit, also auch solche, die teilweise von Ihrem bewussten Empfinden abgespalten sind, mit einbezogen werden. Ihr Bewusstsein muss den (im Folgenden abgedruckten) Text nicht verstehen oder logisch nachvollziehen können, absolute Konzentration ist also nicht notwendig. Der Adressat ist ausschließlich Ihr Unbewusstes, das immer gesammelt und aufmerksam ist, um Ihre Befehle entgegenzunehmen. Auch wenn der Text für Ihr Bewusstsein möglicherweise schwierig und verwirrend klingt: Sie können absolutes Vertrauen in Ihr Unbewusstes haben, es wird alles perfekt verstehen.

Sie können den Text entweder selbst lesen oder ihn sich vorlesen lassen. In diesem Fall müssen Sie jedoch gleichzeitig mitlesen, da die Botschaft ja an Sie adressiert ist. Wichtig: Sollten Sie BSFF bei einem anderen Menschen „installieren" wollen, der nicht selbst mitlesen kann, so ist die Instruktion entsprechend umzuwandeln: „Diese Anweisungen sind für dich, Unbewusstes von Person XYZ ..."

Bei dieser Installation handelt es sich nicht um einen hypnotischen Prozess, der Text kann Ihnen daher von jeder Person auf jede erdenkliche Art vorgelesen werden. Es spielt also keine Rolle, ob er schnell oder langsam, getragen oder humorvoll gesprochen wird. Auch Versprecher oder etwaige Unterbrechungen für Randbemerkungen haben keine negativen Auswirkungen. Ihrem Unbewussten ist dann einfach nur mitzuteilen, dass gerade ein Lesefehler passiert ist, der nun korrigiert wird, oder dass man jetzt die Instruktion unterbricht, um eine erklärende Anmerkung zu machen.

Optimal ist eine Instruktion in Ihrer eigenen Muttersprache oder zumindest einer Sprache, in der Sie über gute Sprachkenntnisse verfügen. Sämtliche Instruktionen sind immer nur einmal zu geben, das Unbewusste versteht sie sofort und braucht keine Wiederholungen. Im nachfolgenden Text ist die Rede von „Stoppern"; diese werden Ihrem Unbewussten *anschließend* in einer gesonderten Instruktion erklärt. Es ist hilfreich, vor der Instruktion auf diesen Tatbestand hinzuweisen, damit Ihr Unbewusstes nicht verwirrt wird, während es die Instruktion erhält.

Noch eine Anmerkung: Wundern Sie sich bitte nicht über die sonderbare Anredeform in der Instruktion. Als hypnotherapeutisch geschulter Psychologe achtete Larry Nims bei der Entwicklung von BSFF auf die Besonderheiten im Umgang mit der Persönlichkeit eines Menschen. So ist es eine gängige Annahme, dass die Gesamtpersönlichkeit aus mehreren Anteilen besteht. Die Instruktion ist daher so verfasst, als würde eine Art Zusammenschluss von Teilpersönlichkeiten in der „Wir-Form" das Unbewusste ansprechen. In der weiter unten folgenden Kurzinstruktion, die viele Jahre später entwickelt wurde, verzichtet Larry Nims auf dieses Zugeständnis an hypnotherapeutische Grundannahmen und verkürzt auf die Einzahl. Seien Sie aber sicher: Ihr Unbewusstes versteht beide Varianten und wird sie gleichermaßen akzeptieren.

Der Text der Hauptinstruktion lautet wie folgt:

⊚ „Die folgenden Anweisungen sind für dich, unser Unbewusstes. Wann immer wir bewusst ein Problem bemerken, das wir von dir entfernen lassen wollen, und dann unseren Code aussprechen oder denken, führst du für uns die komplette BSFF-Schrittfolge zu diesem Problem durch. Der Code, den wir gewählt haben, lautet: …

Du bearbeitest gleichzeitig alle genetischen, ahnen- und generationsbezogenen und alle gegenwärtigen Aspekte dieses Problems, alle von diesem Problem abgespaltenen und fragmentierten Teile sowie sämtliche emotionalen Wurzeln und Glaubenssätze, die mit diesem Problem und/oder mit verwandten Erfahrungen auch nur irgendwie in Verbindung stehen. Das heißt, dass du alle geistigen, emotionalen, körperlichen und spirituellen Aspekte aller verwandten Probleme sowie alle abgespaltenen und fragmentierten Anteile meiner Persönlichkeit, die in irgendeiner Weise bei diesen Problemen involviert sind, bearbeitest. Alle diese Persönlichkeitsanteile – in welcher Kombination auch immer sie auftreten mögen – werden hier und im Folgenden mit den Wörtern „wir, uns, unser, unsere Gesamtheit, ich, mir, mich, mein" usw. angesprochen.

Du entfernst alle diese Probleme auf allen Ebenen und in allen Teilen unseres Wesens, die in irgendwelcher Weise direkt oder indirekt bei jedem einzelnen Problem, das wir bemerkt haben und von dir bearbeiten lassen wollen, eine Rolle spielen, es nähren, es mit verursachen, es irgendwie aufrechterhalten oder unterstützen. Bei jeder „Behandlung" befasst du dich mit all diesen Dingen und beseitigst sie komplett, dauerhaft und auf sichere Art und Weise.

Das bedeutet, dass du, unser Unbewusstes, jede Ebene aller hemmenden emotionalen Wurzeln und Glaubenssätze entfernst, die mit jedem Problem, das wir von dir behandeln lassen wollen, auch nur irgendwie zusammenhängen. Bei jeder Bearbeitung eines Problems, die wir dich anweisen durchzuführen, schließt du jedes Erleben (vom ersten bis zum letzten) dieses Problems und sämtlicher seiner Anteile mit ein.

Gleichzeitig entfernst du bei jeder „Behandlung" auch jeden Faktor posttraumatischer Belastung, der mit irgendeiner emotionalen Wurzel des gerade bearbeiteten Problems verbunden ist und von dieser emotionalen Wurzel oder während ihrer Aktivität ausgelöst oder wieder ausgelöst worden ist.

Du löst diese Auswirkungen posttraumatischer Belastung gründlich auf, sodass sie in uns keinerlei geistige, emotionale, körperliche oder spirituelle Beschwerden oder Unausgeglichenheiten mehr auslösen können. Die Faktoren posttraumatischer Belastung, die du entfernst, umfassen die sieben im Folgenden genannten negativen Auswirkungen auf unsere Gesamtheit sowie jegliche anderen hemmenden, schwächenden oder sonst wie störenden Auswirkungen posttraumatischer Belastungen des bearbeiteten Problems:

- Schock in unserem System
- Stress in unserem System
- Verletzung oder Erschütterung in unserem System
- Verärgerung oder Irritation in unserem System
- Trauma in unserem System
- Leid oder Verzweiflung in unserem System
- Durcheinandersein in unserem System

Du tust das alles für uns, unabhängig davon, ob uns bewusst ist, was das Problem ist oder nicht, und sogar dann, wenn wir das Problem nicht einmal identifizieren, in Worte fassen oder benennen können. Es reicht, wenn wir ein Problem bewusst bemerken und unseren Code einsetzen, und schon bearbeitest und entfernst du das Problem samt allen verwandten Teilen, die irgendeinen Beitrag zu diesem Problem geleistet haben, auf allen Ebenen unseres Verstandes und unserer Existenz vollständig, auf sichere Art und Weise und dauerhaft.

Du tust das alles für uns, egal, welche Kombinationen oder Ebenen unserer Gesamtheit zu der Zeit beteiligt oder betroffen waren, als jedes einzelne dieser verwandten Probleme entstand oder von uns wieder erfahren wurde. Du entfernst jedes und alle Probleme, die wir bearbeiten, komplett und dauerhaft, zusammen mit allen möglicherweise in uns vorhandenen, unbewussten Programmierungen, die uns jetzt oder irgendwann einmal anfällig und empfänglich dafür machen könnten, diese Probleme zu behalten, zurückzuholen, ihnen zu erlauben oder zu gestatten zurückzukehren, oder sie passiv – egal, in welcher Art, Form oder auf welchem Wege auch immer – je zu akzeptieren oder zurückzunehmen.

Du entfernst gleichzeitig auch jegliches andere Problem, das uns auf welche Art und Weise und wann auch immer in Zukunft anfällig und empfänglich für die Rückkehr bearbeiteter Probleme machen könnte.

Sogar wenn wir mit der Bearbeitung anderer Probleme oder Themen fortfahren, behandelst du automatisch alle Aspekte aller bislang bearbeiteten Probleme und Themen weiter, bis unser Bewusstsein alle relevanten Einsichten über die Herkunft oder die Ursachen eines jeden bearbeiteten Problems gewonnen und diese unmissverständlich begriffen hat.

Du machst dies alles ab sofort für uns, für jedes Problem, das wir je bewusst bemerken und zu bearbeiten beabsichtigen, wann immer wir die Bearbeitung mit unserem Code oder jeglichen anderen Worten einleiten, die wir je als Befehl für die BSFF-Anwendung festlegen. Alles, was wir zu tun haben, wenn wir ein Problem bewusst bemerken, ist, die Bearbeitung mit irgendeinem der von uns gewählten Codes einzuleiten.

Jedes Mal, wenn wir die *Stopper* oder irgendeine Art von *Wut, Verurteilung, Kritik* oder *Unverzeihen* oder jegliche anderen einschränkenden Gedanken, Gefühle, innere Haltungen oder Glaubenssätze, die wir in Bezug auf uns selbst haben mögen, bearbeiten, schließt du all diese Dinge, die möglicherweise aus früheren „Behandlungen" übrig geblieben sind, in die laufende Arbeit mit ein. Bei solchen Aktualisierungsprozessen ist es unerheblich, wie lange die früheren „Behandlungen" zurückliegen.

Ebenso wirst du bei jeder Bearbeitung von Wut und Unverzeihen gegenüber einer anderen Person oder einer Gruppe von Menschen diese Haltungen hinsichtlich der ganzen Persönlichkeit und aller Anteile dieser Person oder aller Personen innerhalb dieser Gruppe von Menschen bearbeiten. Dies ist auch dann der Fall, falls wir die Bezeichnungen „du" oder „Sie" oder deren Name(n) verwenden, wenn wir uns während des Prozesses auf sie beziehen.

Unser Unbewusstes, ab sofort vollziehst du, wenn wir dich mit unserem Code dazu auffordern, diese komplette Instruktion unter allen Bedingungen und Umständen, in allen emotionalen und mentalen Zuständen und in allen Situationen, in denen wir uns zum Zeitpunkt der Anwendung befinden, an die wir uns erinnern oder die wir uns vorstellen. Unser Unbewusstes, wir danken dir und schätzen und achten dich zutiefst dafür, dass du in jeglicher Hinsicht immer unser treuer Diener bist."

Die Kurzinstruktion

Als zweiter Schritt ist eine Kurzfassung aus dem Jahr 2005 zu installieren, die neue Entwicklungen von BSFF berücksichtigt. In der Kurzfassung wurde gegenüber der älteren, langen Version bereits auf einige hypnotherapeutisch gängige Elemente verzichtet, die sich im Laufe weiterer Forschung als nicht mehr notwendig erwiesen hatten. (So ist beispielsweise, wie bereits erwähnt, die Pluralform („wir") für die verschiedenen Persönlichkeitsanteile, die – gemäß einer früheren Vorstellung – das Unbewusste hier ansprechen, nun durch den Singular („ich") ersetzt.) Die Kurzversion entspricht dem überarbeiteten, wesentlich verkürzten Ablauf mit seinen neuen Hauptelementen und lautet wie folgt:

@ „Diese Anweisungen sind für dich, mein Unbewusstes. Wann immer ich meinen Code benutze, der da lautet: ..., entfernst du alle emotionalen Wurzeln und Glaubenssätze, die das Problem oder Thema kontrollieren, das ich bemerkt habe und von dir bearbeiten lassen will. In jede Behandlung schließt du alles mit ein, was in mir besteht oder mit mir zu tun hat und was dieses Problem oder Thema seit Beginn meiner Existenz bis zum jetzigen Zeitpunkt geschaffen hat, annimmt und/oder aufrechterhält.

Ab diesem Moment behandelst du automatisch alles, was jemals in meiner Erfahrung auftauchen könnte und was bewirken würde oder bewirken könnte, dass ich dieses Problem oder Thema wieder annehme. Und ich danke dir für deine gewissenhafte Hilfe hierbei.

Jedes Mal, wenn ich meinen Code einsetze, bezogen auf ein Problem oder Thema, das ich bemerkt habe, führst du eben dazu in einer Sequenz die im Folgenden genannten vier Schritte durch.

Jede Behandlung wird hierbei jeden Gedanken, jedes Gefühl, jede Emotion, jede Verhaltensweise, jede Einstellung, jeden Glaubenssatz, jede Imagination sowie alle sonst irgendwie damit zusammenhängenden Probleme beinhalten, die mit dem von mir bemerkten Problem oder Thema zu tun haben oder zu tun hatten, oder die zu eben diesem Problem beitragen oder jemals beigetragen haben. Dies alles einschließend wirst du also bei jeder Codierung in *einer* Sequenz vier Schritte durchführen, und zwar betreffend:

1. alles, was ich erfahre oder je erfahren habe um dieses Problem oder Thema herum und in Richtung auf dieses Problem oder Thema, inklusive sämtlicher damit verbundenen Personen, Ereignisse, Situationen und Umstände;

2. alles, was ich als Ergebnis oder Folge dieses Problems oder Themas erfahre oder jemals erfahren habe;

3. alles, was nach meiner Erfahrung je zur Entstehung oder Aufrechterhaltung dieses Problems oder Themas beigetragen hat, und

4. alle angesammelten mentalen, emotionalen, körperlichen und spirituellen posttraumatischen Belastungen, die aufgrund des momentan in mir ausgelösten Problems oder Themas jemals meine Existenz berührt haben.

Sobald ich ein Problem oder Thema bemerke und meinen Code dafür einsetze, durchläufst du diese vier Schritte in schneller Abfolge."

Damit ist die Installation der Hauptinstruktion abgeschlossen und es erfolgt noch eine abschließende Schlussinstruktion, die gewisse generelle Probleme in Anschluss an jeden Durchgang standardisiert beseitigen soll.

Die Schlusssequenz

Unabhängig von der Art Ihres Problems oder Ihrer charakterlichen Veranlagung gibt es gewisse grundlegende Problemstellungen, die fundamentale menschliche Ängste und Zweifel betreffen. Solche selbstschädigenden Grundausrichtungen sind unbedingt effektiv zu korrigieren, weil sie sonst die gerade erreichten positiven Ergebnisse zunichtemachen können. Daher sind als Abschluss jeder Anwendung von BSFF solche allgemein verbreiteten Hemmfaktoren betreffend Selbstzweifel und Selbstmisstrauen generalisiert zu behandeln.

Nach der gleich folgenden einmaligen Instruktion können Sie bei sämtlichen späteren Anwendungen die neun Stopper, alle Arten von Wut und alle emotionalen Faktoren, die irgendwie mit Verurteilungen sich und anderen gegenüber zusammenhängen, sehr verkürzt bearbeiten. Es sind dann nur mehr die vier nachfolgend angeführten Sammelformulierungen der Schlusssequenz zu codieren, die jeweils einen speziellen Problemaspekt beinhalten. Natürlich ist es im Fall der Stopper auch möglich, jeden Stopper einzeln und damit vertiefend zu bearbeiten; die Nennung des Begriffs „Stopper" ermöglicht jedoch eine Kurzvariante des Prozesses mit nur einmaliger Codierung. An dieser Stelle ist dem Unbewussten mitzuteilen, welche Bedeutung der Begriff „Stopper" hat.

Die neun Stopper erklären

⊚ Bei den neun Stoppern handelt es sich um die folgenden Glaubenssätze:

„Ich habe Angst, dass die Behandlungen bei mir nicht funktionieren werden."

„Ich habe Angst, dass die Behandlungserfolge nicht dauerhaft anhalten."

„Ich bezweifle, dass die Behandlungen bei mir funktionieren werden."

„Ich bezweifle, dass die Behandlungserfolge dauerhaft anhalten."

„Ich traue mir nicht zu, effektiv mit dieser neuen und ungewohnten Methode zu arbeiten."

„Ich bezweifle, dass ich diese neue Methode effektiv anwende."

„Ich bezweifle, dass ich die positiven Veränderungen in meinem Leben umsetzen kann."

„Ich bin anfällig und empfänglich dafür, eines oder mehrere der bearbeiteten Probleme wieder anzunehmen."

„Ich habe noch ein Problem oder mehrere andere Probleme, die mich direkt oder indirekt wieder davon abbringen könnten, meinen Behandlungserfolg dauerhaft zu bewahren."

Die Instruktion zur Schlusssequenz installieren

⊚ „Während der Abschlusssequenz, wenn ich denke oder sage: ‚Unverzeihen gegenüber jedem und allem', und meinen Code denke oder spreche, entfernst du alles Unverzeihen, das ich gegenüber jeglicher Person und allem je gehegt habe, die in irgendeines der Probleme involviert waren, die in dieser Sitzung von Belang waren.

Und auch wenn ich das Wort ‚Stopper' spreche oder denke und meinen Code benutze, behandelst du alle Stopper, die irgendeinen Einfluss auf oder irgendeinen Bezug zu dieser Sitzung hatten.

Außerdem: Wenn ich die Worte ‚Wut, Ärger und Verurteilung gegen mich' denke oder spreche und meinen Code benutze, entfernst du alle Wut, Verurteilung und Kritik, allen Ärger und alle sonstigen während der Sitzung gegen mich gerichteten verwandten Probleme.

Und wenn ich denke oder sage ‚Unverzeihen gegenüber mir selbst' und meinen Code benutze, entfernst du alles Unverzeihen mir selbst gegenüber, das irgendeine Form von Bezug zu sämtlichen in dieser Sitzung bearbeiteten Problemen hat.

Von jetzt an, wann immer ich meinen Code für jeden Kurzbegriff dieser vier Schritte der Abschlusssequenz benutze, führst du jede dieser Behandlungen vollständig durch.

Falls ich diese Schritte der Abschlusssequenz bei irgendwelchen früheren Durchgängen ausgelassen habe, führst du für eben diese Probleme in der laufenden Anwendung eine entsprechende Aktualisierungsbehandlung durch."

Nachdem Sie diese Schlusssequenz installiert haben (einmalig), schließen Sie jede ausführliche BSFF-Anwendung mit der Sammelanweisung dieser vier Elemente ab, indem Sie jeweils deren Kurzbegriffe codieren:

⛅ „Unverzeihen gegenüber jedem und allem" ☑Code

⛅ „Stopper" ☑Code

(Die Stopper können natürlich auch einzeln behandelt werden.)

⛅ „Wut, Ärger und Verurteilung gegen mich selbst" ☑Code

⛅ „Unverzeihen gegenüber mir selbst" ☑Code

Damit sind die Hauptinstruktionen installiert und es erfolgt eine einmalige Kontrolle der wirksamen Ausführung über ein Prüfverfahren mit folgenden Prüfsätzen:

!Test „Ich glaube, dass ich diese einfache Technik bei jedem Problem, das ich hiermit bearbeiten möchte, anwenden kann.“

!Test „Mein Unbewusstes macht dies für mich.“

Seit Anwendung der BSFF-Methode ist kein Fall einer *Weigerung* des Unbewussten bekannt, die Anweisungen auszuführen. Der erste Prüfsatz dagegen testet (beim Muskeltesten) vielfach „schwach“ (abgeschaltet). In diesem Fall sollten Sie Ihren Unglauben und Ihre Vorbehalte so lange mit BSFF bearbeiten, bis der Muskel „stark“ wird (angeschaltet reagiert). Entweder Sie arbeiten nur mit Aussprechen des Codes, während Sie an den Satz denken, oder Sie codieren folgenden globalen „Behandlungssatz“ in der ausführlichen oder einer kurzen Variante:

„Behandle jeden Gedanken, jedes Gefühl, jede Emotion, jedes Verhalten, jede Überzeugung, Haltung oder Einstellung, jede Vorstellung, jede Imagination und jedes andere Problem, das meinen Arm zum gerade bearbeiteten Problem schwach werden ließ.“ Code

- **„Behandle, was immer meinen Arm zum bearbeiteten Problem schwach werden ließ.“**

- **„Behandle, was immer meinen Organismus hierzu gerade schwächte.“**

Weitere Instruktionen

Installation zusätzlicher Instruktionen

Neben den Hauptinstruktionen zur generellen Anwendung von BSFF kann es immer wieder notwendig sein, dass Sie Ihrem Unbewussten weitere Anweisungen geben. Hierbei ist ihm mitzuteilen, dass es gleich eine neue Instruktion erhält, an die es sich von da an augenblicklich zu halten hat, zusätzlich zu den bisher schon installierten Vorgaben.

Einige für den generellen Ablauf wichtige Zusatzinstruktionen werden in den folgenden Kapiteln noch ausgeführt. Daneben bleibt es Ihnen überlassen, nach eigenem Bedarf ganz spezielle, auf die persönlichen Eigenschaften und Ziele ausgerichtete Zusatzinstruktionen zu installieren. Eine generell sehr nützliche Instruktion, die die typisch menschliche, unbewusste Abwehrhaltung gegen Veränderung betrifft, ist beispielsweise die folgende:

🌀 „Unbewusstes, erinnere mich daran, BSFF anzuwenden, sobald ein Problem in meinem Bewusstsein auftaucht."

Um Ihr Bewusstsein zu beruhigen, können Sie nach der Installation prüfen, ob die neue Anweisung völlig akzeptiert wurde oder eventuelle Widerstände zu bearbeiten sind. Verwenden Sie hierfür einen Satz etwa dieser Art:

❗Test „Ich glaube, dass ich diese zusätzliche Anweisung befolgen kann und dies auch tun werde, bei jedem Problem, das ich von jetzt an behandeln möchte." **Test ▬** ⇒ **✔Code**

Codieren Sie den Testsatz im Fall eines schwachen Muskels entweder direkt oder formulieren Sie einen Behandlungssatz wie den folgenden in kurzer oder langer Version und codieren Sie diesen:

☁❗ „Behandle jeden Gedanken, jedes Gefühl, jede Emotion, jedes Verhalten, jede Überzeugung, Haltung oder Einstellung, jede Vorstellung, jede Imagination und jedes andere Problem, das mich momentan noch davon abhält, die neue Anweisung ab sofort durchzuführen." **✔Code**

• „Behandle alles, was mich momentan noch davon abhält, die neue Anweisung ab sofort durchzuführen."

Überschreiben einer Instruktion

Sollten sich die Instruktionen dieser ständig in Entwicklung befindlichen Methode ändern, so können sie jederzeit neu installiert werden. Sie müssen Ihrem Unbewussten dann lediglich verbal oder gedanklich mitteilen, dass nachfolgend eine neue Instruktion erfolgt, die die alte Version ersetzt oder ergänzt.

Abschließend können Sie wiederum die Akzeptanz der neuen Instruktion prüfen und gegebenenfalls Widerstände bearbeiten, beispielsweise mit folgendem Satz:

! Test „Ich glaube, dass ich diese neue Instruktion befolgen kann und dies auch tun werde, bei jedem Problem, das ich ab jetzt behandeln möchte." **Test −** ⇒ **⊠Code**

Sollte der Test negativ ausfallen oder sollte im Fall der Prüfung über den Muskeltest der Muskel schwach sein, ist der Testsatz wiederum entweder direkt zu codieren oder über einen der Behandlungssätze des vorhergehenden Beispiels zu bearbeiten.

Die neueren Instruktionen enthalten nicht mehr höfliche Formulierungen des Bittens um gewisse Leistungen oder den vorausgehenden Dank für künftigen Vollzug der Anweisungen. Aufgrund der ausreichend erprobten Dienstbarkeit des Unbewussten sind sie mehr im knappen Befehlston abgefasst. Das sollte Sie jedoch keineswegs davon abhalten, im Umgang mit Ihrem Unbewussten freundlich und liebevoll zu bleiben. Ein netter Umgangston kann Ihnen nicht nur erleichtern, den bisherigen „Kriegszustand" mit diesem Anteil Ihrer Gesamtpersönlichkeit zu vergessen und zu verzeihen, sondern auch den freundschaftlichen Aspekt dieser Beziehung mehr hervorholen. Bedenken Sie einfach immer wieder, dass gegenseitige Hilfsdienste leichter von Freunden zu erhalten sind als von Feinden und dass dabei eine nette Tonart meist nützlicher ist als arrogante Feldwebelsprache.

⚠ Kurzer Leitfaden zu den Instruktionen

Um dem Unbewussten zu verdeutlichen, was es zur Lösung eines Problems für das Wohlbefinden der Gesamtpersönlichkeit zu tun hat und was das Bewusstsein überhaupt als Problem definiert, müssen wir verschiedene Instruktionen geben, die in folgenden Schritten durchzuführen sind:

1. Dem Unbewussten mitteilen, dass im nachfolgenden Text von sogenannten *Stoppern* die Rede sein wird und dass ihm deren Bedeutung anschließend gesondert erklärt werden wird.

2. Die folgenden Instruktionen der Reihe nach installieren:
   – Hauptinstruktion
   – Kurzinstruktion
   – Information zur Bedeutung der Stopper
   – Schlusssequenz

3. Die wirksame Ausführung einmalig mit einem Testverfahren kontrollieren und bei Bedarf korrigieren:
   – **! Test** „Ich glaube, dass ich diese einfache Technik bei jedem Problem, das ich hiermit behandeln möchte, anwenden kann."
   Test – ⇒ **☑ Code**
   – **! Test** „Mein Unbewusstes macht dies für mich."
   (Nur zur Sicherheit – bisher noch niemals verweigert.)

Bei Installation zusätzlicher Instruktionen oder Überschreiben alter Instruktionen im Laufe der Anwendung von BSFF ist folgendermaßen vorzugehen:

– Information des Unbewussten, dass es gleich eine neue Instruktion erhält, an die es sich, zusätzlich zu den bisher schon installierten Vorgaben, von da an augenblicklich zu halten hat.

– Information des Unbewussten, dass gewisse Teile der bisherigen Instruktionen durch eine neue Vorgabe ersetzt werden, an die es sich, zusätzlich zu den Vorgaben, die bestehen bleiben, von da an augenblicklich zu halten hat.

Die Prüfung und Bearbeitung eventueller Widerstände gegen Neuinstruktionen geschieht mit folgenden Sätzen:

! Test „Ich glaube, dass ich diese zusätzliche Anweisung / diese neue Instruktion befolgen kann und dies auch tun werde, bei jedem Problem, das ich ab jetzt behandeln möchte." **Test –** ⇒ **☑ Code**

💬 „Behandle jeden Gedanken, jedes Gefühl, jede Emotion, jedes Verhalten, jede Überzeugung, Haltung oder Einstellung, jede Vorstellung, jede Imagination und jedes andere Problem, das mich momentan noch davon abhält, die neue Anweisung ab sofort durchzuführen." **☑ Code**

3. Der Code und seine Anwendung

Der Code kann in vielfältiger Weise verwendet werden, die Entscheidung über Ihre persönliche Art der Nutzung liegt ganz bei Ihnen. Die Optionen bezüglich dessen, was und wie oft codiert wird, sind im Folgenden beschrieben.

Wie man codiert

Als Voraussetzung jeder Codierung sollten Sie sich auf den bearbeitungsbedürftigen Bereich konzentrieren und diesen eingrenzen, wobei Sie mehrere Möglichkeiten haben:

- Sie fokussieren den Problembereich gedanklich.
- Sie formulieren einen passenden Behandlungssatz zum jeweiligen Problem.
- Sie konzentrieren sich auf den Inhalt desjenigen Testsatzes, der ein negatives Testresultat erbracht hat.

Für den jeweiligen durch Ihre fokussierten Gedanken eingegrenzten Bereich nutzen Sie anschließend den Code, um damit den Prozess gemäß den Instruktionen zu starten.

Mit der Codierung aktivieren Sie die Aufmerksamkeit Ihres Unbewussten und signalisieren ihm damit, dass es augenblicklich BSFF auf das jeweils fokussierte Problem oder Thema anzuwenden hat. Speziell beim Benutzen von Wörtern als Codes hat sich in der Praxis gezeigt, dass sehr oft mehrfach codiert wird. Es scheint vielen Menschen ein Bedürfnis zu sein, dem eigenen Bewusstsein besondere Entschlossenheit zu dokumentieren oder das Unbewusste besonders schnell und intensiv zu erreichen, indem versucht wird, den Code durch Wiederholung zu verstärken.

Es bleibt Ihnen überlassen, ob Sie nach eigenem Empfinden eine *Mehrfachnennung* des Codes als wirksamer ansehen oder ein konzentriert fokussiertes *einmaliges* Anwenden. Eine mehrfache Ausführung hat keinerlei nachteilige Auswirkungen, außer einer minimalen Verlängerung der Anwendung. Ihrem Unbewussten reicht das einmalige

Nennen oder Ausführen des Codes als Startsignal völlig aus, für Ihr Bewusstsein kann eine Verstärkung durch Wiederholen hilfreich sein.

Manche Problemaspekte benötigen zwei oder vielfach sogar mehrere Durchgänge zu ihrer vollständigen Auflösung. In solchen Fällen ist jedoch nicht mehrfach nacheinander zu codieren, sondern jeweils als Folge eines unerwünschten Prüfergebnisses zum Behandlungsfortschritt. Ist also ein Ergebnis laut Prüfung noch nicht ausreichend, dann müssen Sie denselben Problemaspekt so lange weiter codieren, bis ein eindeutig positives Testresultat nachweisbar ist.

Nehmen Sie sich daher ausreichend Zeit beim Abgrenzen eines Problembereichs. Sämtliche Aspekte, die zum Problem gehören, sollten auch wirklich bedacht und in die Bearbeitung einbezogen werden. Sollten Sie noch etwas vergessen haben, nachdem Sie bereits codiert haben, so können Sie diesen Gedanken natürlich immer noch anschließen. Teilen Sie Ihrem Unbewussten dann einfach mit, dass noch ein kleiner „Nachschlag" in Form des jeweiligen Aspekts hinterherkommt, der auch noch zu berücksichtigen ist, und codieren Sie anschließend nochmals.

Was man codiert

Sie können Ihren Code nach jedem beliebigen Gedanken oder Satz benutzen sowie auch nach einem Test mit unerwünschtem Ergebnis. In beiden Fällen haben Sie die Wahl, entweder einen passenden Behandlungssatz zu formulieren oder direkt zu codieren. Es ergeben sich also folgende vier Möglichkeiten:

- Emotional belastender Gedanke ⇒ ☑Code
  Nach jeder Art von negativen Gedanken, Gefühlen, Emotionen, Erinnerungen, Imaginationen, Verhaltensweisen, Haltungen, Einstellungen, Vorstellungen oder Problemen nennen Sie sofort den Code.

- Emotional belastender Gedanke ⇒ ☁ „Anweisung zur Behandlung" ☑Code
  Nach jeder Art von negativen Gedanken, Gefühlen, Emotionen, Erinnerungen, Imaginationen, Verhaltensweisen, Haltungen, Einstellungen, Vorstellungen oder Problemen formulieren Sie einen thematisch passenden Behandlungssatz und codieren diesen anschließend.

- ❗Test „Testsatz" ⇒ Unerwünschtes Ergebnis Test❑ ⇒ ☑Code

Die Überprüfung ergibt ein unerwünschtes Ergebnis und Sie codieren augenblicklich, um die Störungen zu beseitigen, die das unerwünschte Testergebnis bewirkt hat.

- **!Test** „Testsatz" ⇒ Unerwünschtes Ergebnis **Test–** ⇒ **!** „Anweisung zur Behandlung" ⇒ **✓Code**
  Sie formulieren zu dem unerwünschten Ergebnis des Prüfverfahrens einen entsprechenden Behandlungssatz und codieren diesen.

Generell sollten Sie den Inhalt Ihres codierten Satzes oder Gedankens bestmöglich präzisieren. Wenn Sie vorerst vage bleiben müssen, weil Sie den Hintergrund nicht kennen oder verstehen, sollten Sie detailliert „nachcodieren", sobald Sie mehr Information zum Thema haben. Je differenzierter Sie das Problem bearbeiten, umso besser. Wenn Sie also statt einer einmaligen Codierung von *Trauer* im Allgemeinen auch noch viele beteiligte Emotionen mit Bezug zum Grundzustand von Trauer bearbeiten, wie etwa *Schock, Verneinung, Wut, Schuldzuweisung, Depression, Akzeptanz*, ist die Wirkung noch umfassender.

Bezüglich Ihrer Einstellung zum fokussierten Bereich gibt es zwei mögliche Arten von Aussagen oder Gedanken, die Sie beide gleichermaßen codieren können:

- Aussagen, die Sie bewusst oder unbewusst glauben, die schädigend wirken und daher besser nicht weiter geglaubt werden sollten.

- Aussagen, die Sie bewusst oder unbewusst nicht glauben, die hilfreich wirken würden und daher besser geglaubt werden sollten.

Berücksichtigen Sie also bei der Anwendung von BSFF, dass sowohl positive wie auch negative Aussagen zu bearbeiten sind. Negative Sätze, wie etwa die meisten Aussagen über Ihren Selbstwert (zum Beispiel: „Ich mache alles falsch."), bedürfen einer Korrektur, weil Sie sich ihrer bewusst oder unbewusst doch nicht absolut sicher sind und diese halb bewusste Unschlüssigkeit Schaden anrichten kann. Positive Statements (wie zum Beispiel: „Ich kann sehr gut …") zweifeln Sie bewusst oder unbewusst vielleicht ebenso an und demonstrieren Ihre Sicherheit nur äußerlich gegenüber Ihrem Umfeld. Daher sollten solche halbherzigen Überzeugungen wesentlich fester, als sicherer Glaube verankert werden. Es sind also keineswegs immer nur die negativen Aspekte unserer Aussagen, die einer Änderung bedürfen; oft gilt dasselbe für scheinbar hilfreiche Gedanken.

Prinzipiell können Sie also für jede Codierung den positiven und den negativen Aspekt einer Aussage oder auch beide Perspektiven nutzen – der Ablauf ist immer derselbe. Sie behandeln die Aussage als ein Problem, unabhängig davon, ob sie bewusst oder unbewusst von Ihnen geglaubt wird oder nicht. Der positive Effekt ist dann in jedem Fall garantiert.

Wie oft man codiert

In Bezug auf die Häufigkeit der Codierungen gibt es zwei Möglichkeiten: Sie können den Code sofort nach dem Auftauchen jedes einzelnen Gefühls, Aspektes, Bedeutungszusammenhangs oder nach jeder auftauchenden Idee einsetzen. Alternativ ist es ebenso möglich, dass Sie sich erst *ausführlich* mit einem bestimmten Aspekt des Themas und den jeweiligen Gefühlen und Gedanken beschäftigen und den Code *anschließend* für dieses Gesamtpaket an Emotionen und Überlegungen nutzen. Es bestehen also die beiden folgenden Optionen:

- *Codierung von Einzelelementen:* Aussprechen oder Denken einzelner negativer Gedanken, Gefühle, Emotionen, Erinnerungen, Imaginationen, Verhaltensweisen, Haltungen, Einstellungen oder Vorstellungen ⇒ ☑Code

- *Sammelcodierung:* Verbaler oder innerer Dialog zu einem wichtigen Aspekt des Problems oder Themas mit all seinen negativen Gedanken, Gefühlen, Emotionen, Erinnerungen, Imaginationen, Verhaltensweisen, Haltungen, Einstellungen und Vorstellungen ⇒ ☑Code zum Gesamtpaket des verbalen oder inneren Dialogs mit sämtlichen Elementen

Wenn Sie zusätzlich den Muskeltest oder eine andere Art von Überprüfung nutzen, gilt dasselbe wie für die Codierung: Sie können dann entweder sämtliche Gefühle, Gedanken, Ideen oder sonstige Bedeutsamkeiten einzeln testen und codieren oder alternativ eine Sammelüberprüfung mit der jeweiligen Testmethode durchführen und die festgestellten Probleme dann gesammelt bearbeiten. Im zweiten Fall ist es ratsam, zuvor zu prüfen, ob dieses Zusammenfassen auch möglich ist, beispielsweise mit folgendem Testsatz:

❗Test „Ich kann alle diese Probleme mit einer Sammelbehandlung auflösen."

Sollte der Test negativ ausfallen, codieren Sie sofort genau diese Weigerung zur Sammelbehandlung und prüfen das Ergebnis nochmals:

! **Test** „Ich kann jetzt alle diese Probleme mit *einer* Behandlung auflösen."

In den meisten Fällen sind Sie danach bereit, eine umfassende Sammelbehandlung durchzuführen. Sie codieren also anschließend das Gesamtpaket an negativen Empfindungen mit einer einzigen, zusammenfassenden Anweisung. Diese wird entweder an die speziellen Gegebenheiten angepasst:

! „Bearbeite jetzt mein Problem ... und mein Problem ... und ..."
✓Code

Oder Sie codieren mit einer Standardanweisung wie beispielsweise:

- „Bearbeite jetzt sämtliche problematischen Belange, über die ich gerade nachgedacht / gesprochen habe, mit nur einer Sammelbehandlung."

Sie können es sogar so extrem verkürzt und zusammengefasst formulieren:

- „Bearbeite jetzt alles!"

Nach einer solchen Sammelbehandlung ist es ratsam, den Gesamterfolg nochmals zu überprüfen:

! **Test** „Ich habe noch eines dieser Probleme." **Test−** ⇒ **✓Code**

Oder Sie überprüfen die unterschiedlichen Aspekte des Problems einzeln:

- „Ich habe noch das Problem ..."
- „Ich bin immer noch ..."

Nach solchen größeren Veränderungen gilt grundsätzlich: Lassen Sie Ihrem Körper, ihrem Geist und Ihrer Seele etwas Zeit für die Umorientierung. Natürlich passiert die Änderung augenblicklich, wie jede Überprüfung durch einen Test zeigen wird. Ihr Körper begreift da blitzartig, doch andere Anteile Ihrer Gesamtpersönlichkeit sind vermutlich weniger schnell und es braucht einfach einige Zeit, bis sich die Veränderung „herumspricht" und durchsetzt. Sie können diesen emotionalen Wechsel gut beobachten. Spüren Sie nach dem Codieren einfach einmal in sich hinein und achten Sie auf alles, was sich da tut.

Vielleicht empfinden Sie eine wellenartige emotionale Befreiung, als würde eine Last von Ihnen abfallen, oder Sie fühlen sich auf andere Art irgendwie erleichtert und locker. Manche Anwender berichten auch von körperlicher Entspannung oder dem Nachlassen von Schmerzsymptomen.

Es kann natürlich auch sein, dass sich weniger erfreuliche Phänomene zeigen, die bisher hinter den gelösten Problemen versteckt waren und nun an die Oberfläche gelangen können. Genau deshalb ist es wichtig, dass Sie sich die Zeit nehmen nachzuspüren, was sich verändert hat. Sie können sich einer neuen Situation nur dann widmen, wenn Sie diese auch bemerken. Und in solch einem Fall gilt es dann, all das zu codieren, was sich zeigt. Fühlen Sie sich ohnehin erleichtert und frei von der Last des gerade behandelten Problems – wunderbar! Taucht etwas Neues, Belastendes auf, eventuell auch als körperliches Symptom, so behandeln Sie es als einen zusätzlichen Problemaspekt, der zu beseitigen ist, bevor es mit dem Ursprungsproblem weitergeht.

Wie man den Code wechselt

Sie können sowohl für die Bearbeitung *unterschiedlicher* Problemstellungen wie auch im Ablauf einer einzigen Anwendung von BSFF zu einem bestimmten Thema *mehrere* Codes benutzen. Entweder Sie ersetzen dann den bisher gültigen Code durch einen neuen oder Sie installieren einen oder auch mehrere zusätzliche Codes – ganz nach Belieben. Teilen Sie hierfür Ihrem Unbewussten verbal oder gedanklich mit, dass gleich eine Änderung in der Anwendung erfolgen wird.

Das *Überschreiben* eines alten Codes erfolgt am besten durch folgenden Instruktionsbefehl:

⊚ „Unbewusstes, mein altes BSFF-Codewort … gilt ab sofort nicht mehr. Ab jetzt verwende ich nur noch folgendes Codewort für die BSFF-Schrittfolge: …"

Die Annahme des neuen Codes prüfen Sie anschließend mit folgendem Satz:

! Test „Ich glaube, dass ich diesen neuen Code erfolgreich nutzen kann und dies auch tun werde, wann immer ich von jetzt an ein Problem mit eben diesem Code bearbeiten möchte."

Codieren Sie den Satz, wenn es notwendig sein sollte, bis zum passenden Prüfergebnis.

❋ ❋ ❋

Bei *Ergänzung* des oder der bestehenden Codes ist folgender Instruktionsbefehl zu verwenden:

🌀 „Unbewusstes, zusätzlich zu meinem alten BSFF-Codewort / den bestehenden BSFF-Codewörtern gilt ab sofort außerdem auch noch der Code: … Wann immer ich von jetzt an bei der Anwendung von BSFF einen der alten Codes oder auch diesen neuen Code benutze, reagierst du darauf, wie ich dich angewiesen habe, mit der Bearbeitung des jeweiligen Problems."

Auch die Ergänzung durch einen zusätzlichen Code können Sie prüfen mit dem Satz:

❗ Test „Ich glaube, dass ich dieses zusätzliche Codewort erfolgreich nutzen kann und dies auch tun werde, bei jedem Problem, das ich von jetzt an damit behandeln möchte."

Sollte dieser Testsatz nicht das gewünschte Ergebnis bringen, so behandeln Sie ihn mit einem der alten Codewörter so lange, bis der neue Code vom Unbewussten akzeptiert wird. Manchmal hat das Unbewusste gewisse Einwände gegen einen Code, die sich dann über einen solchen Test äußern. Im Folgenden erfahren Sie daher, wie Sie solche unbewussten Vorbehalte beseitigen und die Wirksamkeit ihres Codes optimal steigern können.

Ob Sie sich für die Verwendung nur *eines* Codes oder für einen umfangreichen Vorrat an Codes entscheiden, das hat keinerlei Auswirkungen auf die Effektivität der Methode, sondern verleiht der Anwendung nur Ihre persönliche Note. Menschen sind diesbezüglich sehr unterschiedlich. Vielleicht sind Sie Ihrem ersten Codewort auf immer treu und hätten sogar ein schlechtes Gewissen, wenn Sie es durch ein neues Wort ersetzten oder ihm mit zusätzlichen Codes Konkurrenz schafften. Vielleicht sind Sie aber auch ein Sammler aus Leidenschaft und brauchen einen großen Vorrat an Alternativen, aus denen Sie je nach Lust und Laune schöpfen können. Wichtig ist einfach nur, dass Sie ihrem Unbewussten deutlich machen, dass es auf den einzelnen Code oder die verschiedenen Codeoptionen augenblicklich zu reagieren hat. Der Code, den Sie dann tatsächlich benutzen, kann – wie zuvor schon angedeutet – durch ein spezielles Verfahren hinsichtlich seiner Effektivität und Akzeptanz auf sämtlichen Ebenen des Daseins geprüft und in seiner Wirksamkeit verbessert werden:

Wie man den Code optimiert

Grundsätzlich akzeptiert Ihr Unbewusstes jedes Wort als Code und reagiert augenblicklich mit der Bearbeitung des anstehenden Problems. Unabhängig davon kann ein Begriff auf unbewusster Ebene aber dennoch Widerstände hervorrufen. Dies ist durch eine spezielle BSFF-Anwendung zu beheben.

Hierfür sollten Sie die folgenden Optionen überprüfen und gegebenenfalls bearbeiten. Sie können auch *intuitiv* diejenigen Varianten aussuchen, in deren Umfeld Sie einen Widerstand vermuten oder von denen Sie sich besonders angesprochen fühlen:

! Test „Mein Code arbeitet effektiv und vollständig im Bereich meines gesamten Wesens, meines Geistes und jedes anderen Aspekts meines gesamten Daseins und meiner Beziehungen – jetzt und von jetzt an."

Bei einem negativen Testergebnis ist direkt anschließend zu codieren oder es ist der Satz mit Bezug auf den Code zu wiederholen und dann zu codieren, wobei dies auch in einer leicht gekürzten Fassung geschehen kann. Ihr Unbewusstes hat ja gerade gehört, worum es sich handelt, und weiß daher, was es zu bearbeiten hat, wenn Sie es in der Kurzform nochmals daran erinnern:

☁ „Mein Code und mein gesamtes Wesen, mein Geist und jeder andere Aspekt meines gesamten Daseins und meiner Beziehungen – jetzt und von jetzt an." **Code**

Ähnliche Test- und Behandlungssätze können (auch mit verkürzten Sätzen) eingesetzt werden zu den folgenden Bereichen:

- **! Test** „Mein Code arbeitet effektiv und vollständig im Bereich meines höheren Selbst – jetzt und von jetzt an." **Test −** ⇒ **Code**
  ☁ „Mein Code und mein höheres Selbst – jetzt und von jetzt an." **Code**
- „Mein Code arbeitet effektiv und vollständig im Bereich meiner Seele."
  „Mein Code und meine Seele."

- „Mein Code arbeitet effektiv und vollständig im Bereich meines Meridiansystems."
  „Mein Code und mein Meridiansystem."
- „Mein Code arbeitet effektiv und vollständig im Bereich meiner Chakren."
  „Mein Code und meine Chakren"

Weitere Bereiche, die eventuell einer Codeoptimierung bedürfen, sind die folgenden – Sie können die Liste natürlich nach Ihrem eigenen Empfinden vervollständigen:
– Energiesystem
– Weltbild
– Aura
– Physischer Körper
– Wille
– Emotionen
– Liebe
– Sexualität
– Geld
– Welt
– Höchste Kraft etc.

Die Optimierung Ihres Codes sollten Sie regelmäßig immer dann durchführen, wenn die Arbeit zäh wird und nicht richtig greift. Vielleicht hat sich in Ihrem Unbewussten irgendeine Ablehnung eingeschlichen oder Sie spüren sogar bewusst, dass ein bisher benutzter Code Ihnen irgendwie nicht mehr so richtig zusagt. Wenn Sie einen Code auf die beschriebene Art stärken, haben Sie Ihre bewusste Aufmerksamkeit auf einen ganz bestimmten Bereich gelenkt, aus dem heraus Sie dann auch Unterstützung erhalten. Die Gewissheit, dass Ihr gesamtes Wesen, Ihr Energiesystem, Ihr Wille oder ein anderer gewählter Aspekt Ihrer Gesamtheit den Code akzeptiert und gezielt unterstützt, hat für Ihr bewusstes Empfinden sehr positive Auswirkungen. (Wichtig ist in diesem Zusammenhang dann nur noch, dass Sie auch auf ein mögliches Fail-Safe achten – Genaueres zu diesem Thema wird im Kapitel über das Fail-Safe-Verfahren erklärt.)

⚠ Kurzer Leitfaden zu den Codes

Der Einsatz eines Codes in Form von Lauten oder Bewegung (meist in Form eines Wortes) aktiviert die Aufmerksamkeit des Unbewussten und signalisiert ihm, dass es augenblicklich das jeweilige Problem oder Thema gemäß den Instruktionen zu bearbeiten hat. Grundsätzlich sind zwei Arten von Aussagen oder Gedanken zu codieren:

- *Schädliche* Ideen, an die man bewusst oder unbewusst glaubt – sie werden codiert, damit man sie nicht weiterhin glaubt.
- *Hilfreiche* Ideen, an die man bewusst oder unbewusst *nicht* glaubt – sie werden codiert, *damit* man sie glaubt.

Optionen der Codierung

Bei emotionaler Belastung:

- Direkt: „Belastender Gedanke" **⟋Code**
  (Statt „Belastender Gedanke" setzen Sie jeweils den konkreten Gedanken ein, der Sie belastet.)
- Über Anweisung: ☁! „Anweisung zur Behandlung des belastenden Gedankens" **⟋Code**

Bei negativem Ergebnis des Prüfverfahrens (Bearbeitung noch ohne Erfolg):

- Direkt: **! Test** „Testsatz" **Test –** ⇒ **⟋Code**
- Über Anweisung: **! Test** „Testsatz" **Test –** ☁! „Anweisung zur Behandlung" **⟋Code**

Häufigkeit der Codierung

- Sofortige Anwendung nach jedem einzelnen Gedanken oder Gefühl, nach jeder einzelnen Emotion, Erinnerung, Imagination, Verhaltensweise, Haltung, Einstellung oder Vorstellung
- Sammelanwendung nach einem umfassenden, verbalen oder inneren Dialog zu einem wichtigen Aspekt des Problems oder Themas

Bei Verwendung des Muskeltests oder einer anderen Prüfmethode ist in gleicher Weise einzelnes Testen und Codieren wie auch Sammelüberprüfung und Sammelbehandlung möglich.

Codeoptimierung

Eventuelle unbewusste Widerstände gegen einen Code sind durch eine spezielle Anwendung zu beheben. Solche Widerstände beziehen sich sehr oft auf die Verbindung des Codes mit dem Wesen, dem Geist oder anderen Aspekten des Daseins und der Beziehungen des Anwenders.

Weitere unbewusste Ablehnung kann bestehen im Bereich von höherem Selbst, Seele, Meridiansystem, Chakren, Energiesystem, Weltbild, Aura, physischem Körper, Willen, Emotionen, Liebe, Sexualität, Geld, Welt, Gott, höchster Kraft usw.

Im Zusammenhang mit der Codeoptimierung ist besonders auf ein eventuell ablaufendes Fail-Safe zu achten.

4. Kurzversionen der Anwendung von BSFF

Erste Erfahrungen sammeln!

Nachdem Ihr Unbewusstes gelernt hat, was es zu tun hat, sobald Sie ihm durch den Code signalisieren, dass es gleich „Arbeit" bekommt, und nachdem auch Ihr Bewusstsein verstanden hat, was es mit dem Codewort für eine Bewandtnis hat, können Sie gleich einmal erste praktische Erfahrungen mit BSFF sammeln.

Grundsätzlich lässt sich die Methode nämlich auf unterschiedliche Arten nutzen. Die Optionen reichen vom nur einmaligen Codieren eines gerade bemerkten unangenehmen Gefühls bis hin zur intensiven und ausführlichen Behandlung eines grundlegenden Lebensthemas. Letzteres wird Ihnen in einem späteren Teil des Buches noch genau erklärt. Jetzt geht es erst einmal um erste Erfahrungen mit einfachen Problemstellungen.

Die im Folgenden beschriebenen unkomplizierten Anwendungsmöglichkeiten sind überaus nützliche Helfer in allen unerfreulichen Situationen des täglichen Lebens. Auf diese formlose Weise angewendet, ist BSFF natürlich noch nicht ausreichend, um Veränderungen in grundlegenden Bereichen Ihrer Persönlichkeit zu bewirken. Dass mit derart minimalem Aufwand aber doch hilfreiche Wandlungen eingeleitet werden können, das werden Sie sehr bald bemerken.

BSFF nebenher und auf die Schnelle zu nutzen ist auf zweifache Art möglich: in der „Ultra-Kurz-Variante" des sofortigen Codierens jeder Form von negativer Stimmung und in einer etwas längeren Form von Pauschalanwendung. Bei jeder dieser Möglichkeiten haben Sie wiederum die Wahl, sich für eine etwas längere und damit intensivere Anwendungsart zu entscheiden oder für die direkte Codierung eines unangenehmen Befindens ohne besondere gedankliche Beschäftigung mit den Umständen. Konkret funktioniert das nun folgendermaßen:

Sie bemerken irgendetwas, was Sie stört – sei es nun ausgelöst durch Gedanken, Erinnerungen, andere Menschen oder durch gegebene Umstände –, und entscheiden sich für eine der folgenden Anwendungsmöglichkeiten.

Ständiges Codieren negativen Befindens

- Sie codieren nur die Wahrnehmung oder Empfindung an sich, ohne diese vorher nochmals in Worte zu fassen:

  💬 „Wahrnehmung / Empfindung ...“ ☑Code

  Hier kommen die unterschiedlichsten Auslöser in Frage:

  - Sie ärgern sich in einem Gespräch über Ihr Gegenüber.

  - Jemand betritt den Raum, der Sie an eine unangenehme Person erinnert.

  - Eine Situation wächst Ihnen über den Kopf und Sie fühlen sich überfordert oder bedroht.

  - In Ihrem Bewusstsein taucht eine belastende Erinnerung auf.

  - Sie fühlen sich generell gerade nicht wohl, können aber keinen konkreten Grund dafür benennen.

  Unabhängig von der Ursache oder der Entstehung einer Wahrnehmung oder Empfindung denken oder sprechen Sie *augenblicklich* Ihren Code.

- Sie konkretisieren die Wahrnehmung dadurch, dass Sie diese in Gedanken oder Worte fassen, und codieren Sie *anschließend*. Sie nehmen die Störung also nicht nur wahr, wie bei der ersten Variante, sondern befassen sich gezielt und bewusst mit dieser Störung, indem Sie diese in einem Gedanken oder Satz formulieren, bevor Sie dann codieren.

  💬 „Mich ärgert, dass ...“ ☑Code

  - „Ich empfinde ein Gefühl von ..., weil gerade ...“ ☑Code

  Bei einem diffusen Unbehagen ohne erkennbaren Grund codieren Sie einen generellen Standardsatz wie beispielsweise:

  💬 „Alles, was mich momentan stört / ärgert.“ ☑Code

  - „Das, was mich gerade aus dem Gleichgewicht bringt / emotional negativ berührt.“

Die Grenzen zwischen diesen beiden Arten von Anwendung sind manchmal nur minimal, aber es ist um eine Spur intensiver, sich eine Wahrnehmung oder Empfindung nochmals *bewusst* zu machen, indem man sie als Gedanken oder Satz wiederholt, statt einfach nur die Tatsache zu registrieren, dass eine Störung stattgefunden hat. Für welche

Art der Anwendung Sie sich entscheiden, bleibt Ihnen überlassen, es gibt hier keine bessere oder wirksamere Option und Ihr Unbewusstes wird in jedem Fall gemäß den Instruktionen die wahrgenommene Störung bearbeiten.

Gewöhnen Sie sich an, eine dieser beiden Minimalvarianten von BSFF im Ablauf des Tages so oft wie möglich anzuwenden, sobald Sie von irgendetwas negativ berührt werden. Mit der Zeit wird sich dieses Verhalten automatisch einstellen und Sie können die Spitze unangenehmer Empfindungen ganz leicht abtragen, einfach indem Sie Ihren Code benutzen oder einen kurzen Satz codieren.

Pauschalbearbeitung aller momentanen Befindlichkeitsstörungen

Je nach gerade verfügbarer Zeit könnten Sie sich angewöhnen, …

- in festgelegten Intervallen (täglich / zweimal täglich),
- zu jeweils festgesetzter Zeit (morgens nach dem Aufwachen)
- wenn Sie sich in einer Missstimmung befinden,
- in Phasen von erzwungener Untätigkeit, die es zu überbrücken gilt (beim Warten), …

… sich einige Minuten oder auch eine viertel Stunde Zeit zu nehmen und alles zu codieren, was Ihnen irgendwie in den Sinn kommt.

Eine solche Kurzbehandlung dient der allgemeinen Besserung Ihres momentanen Befindens. Es ist dafür nicht notwendig, dass Sie sich ein spezielles Problem suchen oder Ihr momentanes, unangenehmes Befinden gezielt und systematisch bearbeiten. Vielmehr können Sie für diese Art der Nutzung von BSFF einfach nacheinander und ohne zwingenden Zusammenhang alles codieren, was Sie gerade bemerken, denken oder empfinden.

 „Ich fühle mich gerade … / ich erinnere mich an … / mein … schmerzt / ich denke gerade an … / ich habe Angst vor … / mich stört gerade … usw." Code

Eine solche Möglichkeit der schnellen Nutzung von BSFF kann sich in ganz unterschiedlichen Situationen ergeben:

- Sie sind in der Frühe gerade aufgewacht und gönnen sich noch einige

Minuten im Bett, um die Kraft für das Aufstehen zu sammeln oder Ihre emotionale Ausgangsposition für den neuen Tag auf ein höheres Niveau zu bringen. Sie codieren also folgende Gedanken:

- Wie Sie sich körperlich fühlen (unausgeschlafen / müde / zerschlagen …)
- Was Sie beim Gedanken an den gleich folgenden morgendlichen Alltagsablauf stört (das warme Bett verlassen / kalte Dusche / keine Milch zum Kaffee im Haus / keine Zeit für ein ausgiebiges Frühstück …)
- Worauf Sie sich im Ablauf des Tages nicht freuen (unangenehmes berufliches Meeting / Besuch der Schwiegermutter / Zahnarzt …)
- Was an unangenehmen Erinnerungen vom Vortag gerade wieder in Ihrer Erinnerung auftaucht (Ärger mit dem Partner am Abend zuvor / eine ausstehende Entscheidung / überfordernde, ungelöste Aufgaben …)
- Aber auch dies: Was der Tag eventuell oder sicher an Gutem bringen kann oder wird, worauf Sie sich freuen und was Ihnen sicher Spaß und Freude machen wird (das Frühstücksbrötchen / der morgendliche Waldlauf / das Treffen mit Freunden …)

- Sie fühlen sich aufgrund eines bestimmten Auslösers oder scheinbar grundlos emotional nicht in der gewünschten Verfassung. Sie ziehen sich an einem möglichst ungestörten Ort kurz in sich zurück und codieren die folgenden Gedanken:
  - Wie Sie sich gerade fühlen (verzweifelt / depressiv / mutlos / traurig / hoffnungslos / wütend nervös …)
  - Was Ihnen einfällt, was irgendwie in Verbindung zu diesen Gefühlen steht (die äußere auslösende Situation / eigene Erinnerungen / zufällige Gedanken …)
  - Was Ihren Befürchtungen zufolge passieren könnte, wenn sich Ihr Zustand nicht gleich ändert (weitere Verschlechterung / Absage des geplanten Abendprogramms / schlechte Leistung bei einer bevorstehenden Arbeitsanforderung …)
  - Ihr Unbehagen darüber, dass der Gefühlswandel ohne erklärbaren Grund und vielleicht ganz plötzlich erfolgt ist
  - Ihre Angst vor solchen Situationen und Ihre Wut darauf
  - Aber auch dies: Ihre Hoffnung, dass Sie diese Störung überwinden und gestärkt daraus hervorgehen

- Sie stehen ohne Buch, Zeitung und Handy im Stau oder müssen beim Arzt warten und wollen die Zeit nutzen, um Ihr Allgemeinbefinden zu verbessern. Dafür können Sie folgende Gedanken codieren:
  - Alles, was Ihnen gerade in den Sinn kommt an Gedanken, Gefühlen, Erinnerungen, Überzeugungen, Befürchtungen, Einsichten oder Visionen
  - Alles, was Sie im Lauf der letzten Stunden negativ und positiv berührt hat, was Ihnen Unbehagen bereitet oder Freude beschert hat
  - Alles, was Sie in den nächsten Stunden erwarten wird, wovor Sie sich fürchten oder worauf Sie sich freuen
  - Alles, was Sie gerade in irgendeiner Form belastet oder in den letzten Stunden belastet hat
  - Alles, worauf Sie wütend sind (Menschen und Gegebenheiten)

Codieren Sie jeweils jeden einzelnen Gedanken oder abschließend nur einmal den gesamten Denkprozess zum jeweiligen Thema, ganz wie es Ihnen besser entspricht.

Solche doch schon recht gezielt angelegten Sammelbehandlungen sind nach Ablauf der dafür veranschlagten Zeit unbedingt mit der Abschlusssequenz zu beenden. Vergessen Sie daher bitte nicht, am Ende noch die folgenden vier Kurzsequenzen zu codieren:

 „Unverzeihen gegenüber jedem und allem."

- „Stopper."
- „Wut, Ärger und Verurteilung in Bezug auf mich selbst."
- „Unverzeihen gegenüber mir selbst."

5. Methoden der Überprüfung

Der Muskeltest

Der hier vorgestellte Muskeltest ist ein zentrales Element der Angewandten Kinesiologie. Das Wort Kinesiologie ist aus den beiden griechischen Wörtern *kínesis* = Bewegung und *lógos* = Lehre abgeleitet. In der (konventionellen) Medizin steht „Kinesiologie" für Untersuchung der Muskeln und Bewegungslehre. Die Angewandte Kinesiologie, wie sie hier gemeint ist, ist – allgemein gesagt – eine Methodik zum Sondieren und Ausgleichen (Balancieren) des energetischen Zustandes des menschlichen Organismus; dazu gehört auch das Verfügbarmachen oder Aktivieren aller seiner Funktionen.

Kinesiologie in diesem Sinne macht sich ein sehr genaues und einfaches Rückmeldesystem des Körpers zunutze. Dessen Entdeckung geht zurück auf Erfahrungen und Untersuchungen des amerikanischen Chiropraktikers Dr. George Goodheart. Er beobachtete, dass physische und psychische Vorgänge im Menschen sich auch im Zustand seiner Muskeln widerspiegeln. Daraufhin entwickelte er 1964 ein einfaches Testverfahren, das diese Muskelfunktion ohne Zuhilfenahme von Apparaten erfasst: den Muskeltest. (Die klassische Variante des Muskeltests in Kurzfassung: Testen der Spannung im Deltamuskel am Oberarm durch leichten Druck auf das Handgelenk. Genaueres dazu in dem Buch von G. Dobler und W. Birkholz: *Gesundheit maßgeschneidert – mit dem Muskeltest*, Kirchzarten: VAK, 1999)

Goodheart ging von der Annahme aus, dass Blockaden und Unterbrechungen des Kreislaufs der Lebensenergie im Körper zu Stress im Organismus und in weiterer Folge zu Missstimmungen, Konzentrationsschwierigkeiten, Ängsten und letztlich auch organischen Störungen führen.

Basierend auf dem Grundsatz der chinesischen Energielehre, der besagt, dass die Gesundheit des Menschen vom freien Fließen der Lebensenergie im Körper abhängt, zielen die Balancetechniken der Kinesiologie vor allem darauf ab, das Energieniveau im Organismus zu erhöhen, dessen Selbstheilungskräfte anzuregen und dadurch die Gesundheit anzuregen oder wiederherzustellen.

Hinweise zur Ausführung

Bevor Sie die eigentliche, problembezogene Frage stellen, sind immer zuerst einige Testfragen hilfreich, damit Sie ein Gefühl für die Spannung des getesteten Muskels und für die Reaktionen bei „Ja" und „Nein" zu bekommen. Hierfür teilen Sie Ihrem Unbewussten erst einmal mit, wie die unterschiedlichen Muskelreaktionen zu deuten sind, dass nämlich ein „starker" Muskel, also das *Halten* der Position, ein Ja bedeutet, das *Nachgeben* dagegen das Zeichen für ein *Nein* ist.

Für diesen sogenannten *Klartest* sind eindeutig überprüfbare Worte oder Sätze zu verwenden wie sprachliche Zustimmung, die Frage nach dem eigenen Namen, dem Wochentag oder der Tageszeit, also Aussagen wie: „Ja", „Mein Name ist …", „Heute ist Mittwoch", „Wir haben jetzt 17 Uhr …", die jeweils in einer wahren und einer unwahren Variante ausgesprochen und anschließend getestet werden. Der Vergleich zwischen dem richtigen Satz und der Falschaussage eicht Ihr System und verdeutlicht den Unterschied zwischen starkem und schwachem Muskel.

Berücksichtigen Sie in diesem Zusammenhang bitte, dass ein starker Muskel und damit ein Ja nicht automatisch ein positives Ergebnis bedeutet. Denn vielfach kann auch die Zustimmung des Körpers zu einer *negativen* Aussage mit unerwünschter Bedeutung einer Bearbeitung bedürfen, wie beispielsweise im Fall von: „Ich werde diese Aufgabe niemals bewältigen können.", oder: „Ich bin ein schlechter Mensch."

Um Sie jedoch nicht zu verwirren, wird in diesem Buch mit dem Symbol **Test −** auf ein ungewünschtes Testergebnis hingewiesen, unabhängig davon, ob ein solches Ergebnis eventuell durch einen starken Muskel offensichtlich wurde oder ob Sie vielleicht sogar eine andere Prüfmethode benutzt haben.

Zum Muskeltesten gehören immer zwei Partner: Tester und Getesteter (oder: Testperson). Die folgenden Hinweise zum Durchführen des

Tests richten sich logischerweise an den Tester. Wenn Sie also – wie bisher in diesem Buch angenommen – zunächst eigene Probleme bei sich selbst bearbeiten wollen, dann sollten Sie jemanden finden, der den Muskeltest bei Ihnen ausführen kann. (Es sei denn, Sie wählen alternativ zum Muskeltest ein anderes Prüfverfahren. – Zur Möglichkeit des *Selbsttests* siehe weiter unten in diesem Kapitel.) Natürlich können Sie diese Anleitung auch so lesen, dass Sie selbst (ansatzweise) lernen, den Muskeltest bei anderen anzuwenden.

✳ ✳ ✳

Den Test selbst sollten Sie mit möglichst gleich bleibendem Druck über einen Zeitraum von ein bis zwei Sekunden durchführen. Üben Sie den Druck also keinesfalls ruckartig oder pumpend aus und halten Sie die Druckstärke bei jedem Durchgang möglichst gleich und zudem an die Gegebenheiten der jeweiligen Testvariante angepasst. Es geht nicht um ein Kräftemessen zwischen unterschiedlichen Muskelpartien, sondern um den Vergleich unterschiedlicher Reaktionen auf Prüfsätze unter konstanten Rahmenbedingungen. Nur bei permanent gleicher Druckstärke können Sie zwischen zwei Tests einen signifikanten Unterschied oder einen Wandel des Muskeltonus erkennen. Jede Veränderung des Kraftaufwands, auch wenn Sie Ihnen nicht bewusst ist, oder gar gezielte Lenkung machen eine feine Differenzierung unmöglich. (Für weitere Details der Durchführung von Muskeltests, die wir hier nicht vollständig vermitteln können, verweise ich nochmals auf das Buch von Dobler / Birkholz: *Gesundheit maßgeschneidert – mit dem Muskeltest*. Im Übrigen lässt sich das Muskeltesten mit der nötigen Sicherheit kaum aus einem Buch erlernen, sondern nur mit angeleiteten Übungseinheiten in Kinesiologiekursen.)

Im Hinblick auf das Resultat sollten Sie berücksichtigen, dass es sich bei dem Testergebnis zwar meist um eindeutige, oft aber auch nur um minimale Unterschiede handelt. Um feiner differenzieren zu können, ist daher entsprechend zu üben. Wie so oft fällt auch beim Muskeltesten kein Meister vom Himmel und sie werden erst mit zunehmender Übung immer besser werden. Hilfreich kann auch hier wieder eine Absprache mit Ihrem Unbewussten sein. Bringen Sie es durch eine optimale Mischung aus Anweisung und Bitten dazu, dass es Ihnen einerseits hilft, das Ergebnis deutlicher zu machen, und andererseits zulässt, dass Sie das Ergebnis dann auch zweifelsfrei akzeptieren können.

Um fehlerhafte Muskelreaktionen nach Möglichkeit auszuschließen, sollten Sie Ihr System (bzw. das System der von Ihnen getesteten Person) zu Beginn mit dem folgenden Satz eichen:

„Mein Muskelsystem übermittelt Aussagen darüber, was für mich richtig oder wahr ist, indem es den Testmuskel stark macht, und Aussagen darüber, was für mich falsch oder unwahr ist, indem es den Testmuskel schwach werden lässt." `⟋Code`

Prüfen Sie anschließend, ob diese erste Codierung schon das gewünschte Ergebnis gebracht hat, indem Sie genau diesen „Eichungssatz" kinesiologisch testen. Bleibt der Muskel noch schwach, dann codieren Sie so lange, bis Sie das gewünschte Testergebnis erhalten und Ihre Muskeln damit geeicht sind.

Dieser Testsatz ist nur eine mögliche Variante im Dialog mit Ihrem Unbewussten. Wenn Sie beim Testen Ihrer Muskeln wirklich sicher werden wollen, ist ein ganz spezifisches Vorgehen erforderlich. Forschen Sie in Ihrem Inneren, welche Einwände oder Befürchtungen Sie haben, und formulieren Sie dazu anschließend passende Behandlungssätze, die sie dann codieren.

Seien Sie dabei ganz ehrlich und vor allem sehr präzise. Je mehr innerliche Einwände gegen den Test Sie jetzt beseitigen und je besser Sie ihr Testverfahren mit Ihrem Unbewussten koordinieren, desto besser werden später Ihre Testergebnisse sein. Je intensiver Sie gleich zu Beginn Unsicherheit, Angst vor falschen Ergebnissen, mangelnde Fähigkeiten zum Erkennen des Unterschieds oder auch Ihren eigenen Unglauben (bezüglich der Wirksamkeit) bearbeiten, desto besser … Wenn alle Zweifel beseitigt sind, kann der Muskeltest zu einem optimalen Prüfinstrument werden, das die Arbeit mit BSFF enorm verkürzt und erleichtert.

Bei der Anwendung des Muskeltests sind außerdem noch folgende Aspekte zu berücksichtigen beziehungsweise Hilfen zu nutzen:

Instruktion zur Sammelüberprüfung aller Muskeln

Um das Ergebnis umfassender und intensiver werden zu lassen, sollten Sie mit der folgenden Instruktion das Unbewusste dazu programmieren, bei jedem Test sämtliche Muskeln des Körpers über einen einzigen Indikatormuskel zu testen und Ihnen als Endergebnis mitzuteilen, ob einer dabei ist, der nicht standhält:

⟲ „Teste von jetzt an immer *alle* Muskeln meines Systems zum jeweiligen Thema und teile mir das Gesamtergebnis über den jeweils getesteten Muskel mit, unabhängig davon, welcher das gerade ist."

Die neue Instruktion überprüfen Sie anschließend wie gewohnt mit dem üblichen Testsatz und korrigieren bei Bedarf:

! Test „Ich glaube, dass ich diese zusätzliche Anweisung befolgen kann und dies ab sofort bei jedem Muskeltest auch tun werde."
Test – ⇒ **✓ Code**

Ergebnisprüfung mit dem Gegentest

Zur Optimierung und Absicherung des Ergebnisses sowie bei kritischen Fragen oder zweifelhaften Antworten ist immer der Gegentest durchzuführen. Dies bedeutet, dass Sie das absolute Gegenteil der zuvor gestellten Frage testen, um das Ergebnis zu verifizieren. Am Beispiel der zuvor genannten Instruktion würden Sie also optimal folgendermaßen nachprüfen:

! Test „Ich glaube, dass in mir noch Widerstände existieren, diese zusätzliche Anweisung zu befolgen und dies ab sofort bei jedem Muskeltest auch zu tun." **Test –** ⇒ **✓ Code**

Bei einem solchen Gegentest wird es oft unumgänglich sein, einen Prüfsatz zu verneinen, um die gegenteilige Aussage zu formulieren. Vielfach ist es nämlich ganz einfach nicht möglich oder extrem zeitraubend, den Inhalt einer Aussage durch noch so geschicktes Umschreiben zu polarisieren. Sicherlich wäre Ihnen als nächstliegende Möglichkeit, den ursprünglichen Testsatz zu verneinen, die folgende Variante eingefallen:

! Test „Ich glaube *nicht*, dass ich diese zusätzliche Anweisung befolgen kann und dies ab sofort bei jedem Muskeltest auch tun werde."
Test – ⇒ **✓ Code**

Nach gängiger Meinung sollten Prüf- und Behandlungssätze jedoch *keine* Verneinungen enthalten, weil das Unbewusste die Negation dann erst auflösen muss und dieser Vorgang zu Verwirrung im gesamten System führen kann. Doch seien Sie beruhigt: Bei der Anwendung des Muskeltests im Zusammenhang mit BSFF spielen diese Probleme der extremen Feindifferenzierung keine Rolle. Die Praxis hat gezeigt, dass das Unbewusste mit solchen Negationen gut umgehen kann und dass sich diese nicht nachteilig auf das Testergebnis auswirken. Wenn Ihnen also keine gute „nein-freie" Satzvariante einfällt, dann benutzen Sie ruhig die ganz einfache Verneinung. Schließlich fokussieren Sie ja gedanklich das Thema und haben daher im Bewusstsein, worum es geht und was Ihnen über den Muskeltest klar werden soll. Im Zusammenhang mit der Anwendung von BSFF hat es sich als sehr praktikabel erwiesen, die Testsätze ganz einfach zu halten und direkt zu verneinen, auch wenn professionelle Kinesiologen in anderen Kontexten wesentlich differenzierter formulieren würden.

Bringt das Ergebnis des Gegentests keine Bestätigung Ihres ersten Resultats, so muss dies nicht an der Negation liegen. Vielmehr ist das Unbewusste oft nicht bereit, gewisse Fragen zu beantworten – der Muskel reagiert dann bei Frage und Gegenfrage gleich. Auch ein solches zunächst recht verwirrendes Ergebnis sollte Sie nicht verunsichern. Hierbei handelt es sich nämlich um ein gängiges Phänomen, das sich bei jedem Menschen irgendwann einmal zeigt.

Die Tatsache, dass Sie (als Testperson) das offensichtlich unbewusst steuern, dass Sie zu einem bestimmten Thema keine bewusste Information erhalten, ist dann ganz einfach als eigenes Problem einzustufen und entsprechend zu behandeln. In diesem Fall testen Sie zuerst den Satz:

❗ Test „Ich will es wissen."

Und bei einem schwachen Muskel wenden Sie dann sofort BSFF an, um diese Schwäche zu beheben, beispielsweise mit folgendem Satz:

💬 „Ich will die Antwort wissen, egal wie sie ausfällt." **✓ Code**

Anschließend kehren Sie wieder zur ursprünglichen Frage zurück und testen diese nochmals. Sie werden dann sicher ein eindeutiges Testergebnis erhalten, wie immer es auch ausfallen mag. Vielleicht ist das Ergebnis noch nicht so, wie Sie gehofft hatten, dann ist eine Codierung des Testsatzes erforderlich, um den jeweiligen Problemaspekt aufzulösen.

Sollte es doch einmal nicht gelingen, alle Details und Fakten herauszubekommen, dann bearbeiten Sie einfach das Problem in Unkenntnis der Hintergründe. Neugierig, wie wir nun einmal meistens sind, ist ein solches Vorgehen vermutlich nicht absolut befriedigend, aber bedenken Sie Folgendes: Manchmal ist es eben besser, wenn Sie nicht alles wissen. Vertrauen Sie dann einfach darauf, dass Ihr Unbewusstes aufgrund seines umfangreichen Wissens die richtige Entscheidung getroffen hat, nämlich Sie im Dunkeln zu lassen. Das Problem an sich können Sie ja auch ohne den vollkommenen Überblick zum Hintergrund beseitigen. Bearbeiten Sie dann einfach alles, was Ihnen noch verborgen ist, mit einem Satz wie dem folgenden:

„Behandle alles, was den Ablauf der Gesamtbehandlung irgendwie behindern könnte, was ich aber gerade nicht wissen soll, und zusätzlich sämtliche hinderlichen Aspekte meiner Neugier, die mich unsicher werden lassen könnten." ✓Code

Setzen Sie anschließend die Arbeit einfach dort weiter fort, wo Sie sie unterbrochen haben.

Störfaktoren, die man meiden sollte

Bestimmte Faktoren beeinträchtigen das Ergebnis des Muskeltests oder können die Durchführung gänzlich unmöglich machen. Hierbei sollten Sie zu allererst darauf achten, dass Ihr Körper nicht dehydriert, sondern ausreichend mit reinem Wasser (ohne Kohlensäure) versorgt ist.

Weitere Störquellen sind möglicherweise die folgenden:

• elektronische Geräte (besonders Fernseher),
• starke elektromagnetische Felder (Mobil- und Schnurlostelefone),
• große Magneten,
• Quarzuhren,
• fest geschlossener Schmuck an Hals oder Hand,
• Nahrungsmittelallergie gegen noch im Organismus befindliches Nahrungsmittel.

Diese Liste lässt sich noch um einiges verlängern und ohne Ausbildung (etwa in kinesiologischen Techniken) verfügen Sie vermutlich nicht über die Möglichkeit, tatsächlich alle Störquellen zu finden und auszuschalten. Sie sollten daher auch in diesem Fall eine Absprache mit Ihrem Unbewussten treffen, dass es sich beim Test im Zusammenhang mit BSFF nicht durch externe Faktoren stören lässt, die Sie nicht beseitigen können. Als gehorsamer Diener wird Ihr Unbewusstes Ihren Anweisungen sicher folgen und Sie dabei unterstützen, den Muskeltest auf dieser sehr einfachen Ebene seiner Anwendung bestmöglich zu nutzen. Eventuelle Einwände gegen eine solche Absprache können Sie sofort mit dem Code bearbeiten. Dafür eignen sich folgende Prüf- oder Behandlungssätze:

! Test „Ich kann ab sofort den Muskeltest optimal nutzen, um Fragen zu stellen zum energetischen Status meines Organismus, zur weiteren Vorgehensweise im Prozess von BSFF, zur Notwendigkeit, eine bestimmte Behandlung durchzuführen oder nicht, und zu sämtlichen weiteren Belangen, die für die optimale und schnellstmögliche Durchführung von BSFF erforderlich sind." **Test −** ⇒ **✓Code**

(!) „Behandle alles, was verhindert, dass ich den Muskeltest erfolgreich anwende im Zusammenhang mit Fragen zum energetischen Status meines Organismus, zur weiteren Vorgehensweise im Prozess von BSFF, zur Notwendigkeit, eine bestimmte Behandlung durchzuführen oder nicht, und zu sämtlichen weiteren Belangen, die für die optimale und schnellstmögliche Durchführung von BSFF erforderlich sind." **✓Code**

Ausschalten von Widerständen

In ähnlicher Weise können Sie bei Unsicherheit oder Zweifeln an der Wirksamkeit des Tests eventuelle Widerstände bearbeiten, beispielsweise über folgende Sätze:

! Test „Ich kann ab sofort fest und absolut sicher an das Ergebnis des Muskeltests glauben und es akzeptieren, wie immer es ausfällt." **Test −** ⇒ **✓Code**

(!) „Behandle alles, was verhindert, dass ich fest und absolut sicher an das Ergebnis des Muskeltests glaube und dieses akzeptieren kann, wie immer es auch ausfällt." **✓Code**

Korrektur negativer Testergebnisse

Wenn Sie eine negative Antwort (Muskelreaktion) befürchten, braucht Ihnen das kein unbehagliches Gefühl beim Muskeltesten zu verursachen, denn ein „schwacher" Muskel stellt absolut kein Problem dar. Sie können jede Schwäche (= Muskel gibt nach) auch ohne Kenntnis ihrer genauen Ursachen ganz rasch beseitigen. Sollte also eine Aussage schwach testen oder ein schon behandelter Problemaspekt immer noch ungelöst sein, so nennen Sie entweder nochmals den Code oder Sie arbeiten mit speziellen, themenbezogenen Sätzen. Eine weitere Möglichkeit ist der folgende globale Behandlungssatz:

(!) „Behandle, was immer meinen Arm gerade schwach werden ließ / meinen Organismus hierzu gerade schwächte." **✓Code**

Demonstration des Ergebnisses

Es gibt eine gute Möglichkeit, sich selbst die Wirksamkeit einer BSFF-Anwendung zu verdeutlichen. Hierfür ist zu testen, wie der Zustand der Muskeln *vor* der Anwendung oder wenige Sekunden vor Nennung des Codes gewesen ist. Führen Sie sich dazu innerlich nochmals die eigene Einstellung zum Problem und die vermuteten Gründe für dessen Existenz vor Augen und prüfen Sie dann folgende Testsätze:

! Test „Es gab vor einer halben Stunde / vor der Codierung viele dieser Probleme."

* „Aber jetzt sind sie alle weg."

* „Das alles traf zu und war für mich wahr, bevor ich es behandelte."

* „Aber jetzt trifft es nicht mehr zu."

Der Selbsttest

Bei der Anwendung von BSFF durch einen Berater oder Therapeuten übernimmt dieser das kinesiologische Testen des Klienten. Wenn Sie die Technik privat anwenden und kein Testpartner verfügbar ist, können Sie den Muskeltest auch an sich selbst durchführen. Für einen solchen Selbsttest gibt es verschiedene relativ leicht durchführbare Optionen, die nachfolgend dargestellt sind.

Fingerringtest 1

* Als Rechtshänder führen Sie die Spitzen der Fingerkuppen von Daumen und Kleinfinger der linken Hand zu einem Ring zusammen und halten diesen Fingerring unter Spannung. (Als Linkshänder führen Sie diesen Test seitenverkehrt aus.)

* Positionieren Sie anschließend Daumen und Zeigefinger Ihrer rechten Hand mit deren Endgliedern innerhalb des Fingerrings. Ihr rechter Daumen berührt dabei mit der Nagelseite den Ballen Ihres linken Daumens und der Nagelbereich Ihres rechten Zeigefingers liegt am Ballen Ihres linken Kleinfingers an. Vermeiden Sie es, mit der rechten Hand einen weiteren Ring zu schließen – die beiden Finger der rechten Hand sollten sich also nicht berühren!

In dieser Position ist die jeweilige Frage zu stellen und danach der Druck der rechten Finger nach außen zu verstärken, als wollte man

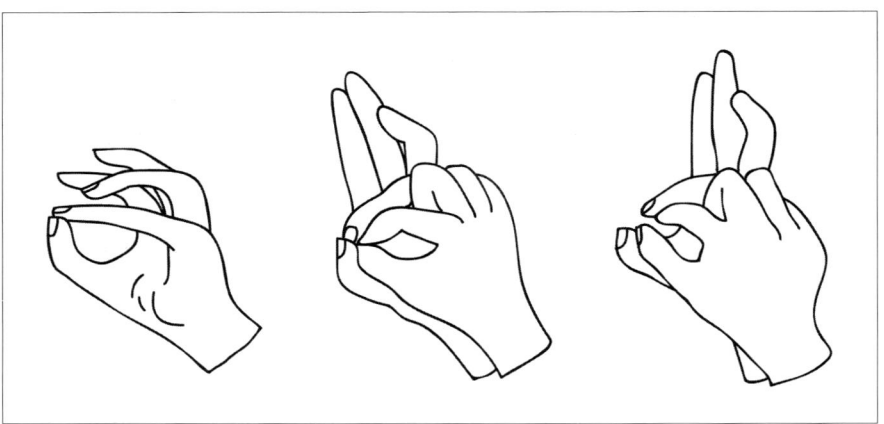

Fingerringtest 1

den „Fingerring" der linken Hand öffnen. Ist ihnen dies bei moderatem Druck (vergleichbar mit etwa 1 kg Gewicht) möglich, so besteht keine ausreichende Muskelspannung in den Muskeln Ihrer linken Finger, was Stress und energetisches Defizit bedeutet und für ein Nein steht. *Hält* dagegen die Spannung des Fingerrings der linken Hand, so ist das Ergebnis des Tests ein Ja.

Fingerringtest 2

- Formen Sie mit Daumen und Zeigefinger einer Hand einen Ring.
- Stecken Sie nun den Zeigefinger der anderen Hand bis zum Übergang zwischen Finger und Handteller im Bereich der Schwimmhaut in den Fingerring, und zwar im Bereich der Endglieder der beiden Finger, die den Ring formen.

Ein gegen den Druck des Zeigefingers standhaltender Ring steht für ein Ja, das Öffnen des Ringes bedeutet ein Nein.

Doppelringtest

- Bilden Sie aus den Daumen und Zeigefingern beider Hände zwei wie Kettenglieder ineinander verschränkte Ringe.
- Ziehen Sie nun mit beidseitig gleicher Zugkraft die Hände auseinander und versuchen Sie damit, die Ringe zu öffnen.

Das Reißen der „Kette" ist ein Hinweis auf Stress und steht für ein Nein; halten die Ringe, so ist die Antwort ein Ja.

Zeigefingertest

- Halten Sie einen Zeigefinger gerade vor sich hin und spannen Sie ihn an.
- Legen Sie den Mittelfinger derselben Hand mit der Fingerkuppe auf den Zeigefinger (hinter dessen Nagel) und versuchen Sie, diesen nach unten zu drücken.

Gibt der Zeigefingermuskel nach und lässt er sich nach unten drücken so besteht Stress im System und das Ergebnis steht für ein Nein. Bleibt er dagegen stark, sodass der Mittelfinger abrutscht, ist das Testergebnis ein Ja.

Handkreuztest

- Kreuzen Sie die Hände auf Höhe der Handgelenke vor dem Brustbein zu einem X.
- Drücken Sie nun mit der inneren Hand nach vorne und wirken Sie gleichzeitig diesem Druck mit der äußeren Hand entgegen.

Hält Ihr vorderer Unterarmmuskel dem Druck von innen stand, so bedeutet dies ein Ja; gibt er nach und vergrößert sich dadurch der Abstand zwischen Körper und Handkreuz deutlich, so ist das Ergebnis ein Nein.

Augenlidtest

- Schließen Sie ohne vorherige Instruktion die Augen ganz sanft, nicht ruckartig; öffnen Sie diese wieder ebenso ruhig und langsam.
- Wiederholen Sie diesen Ablauf einige Male, um ein Gefühl dafür zu bekommen.
- Führen Sie die gleiche Prozedur aus, während Sie dabei den eigenen Namen aussprechen.
- Wiederholen Sie diesen Ablauf und sprechen Sie diesmal einen fremden Namen aus.
- Nehmen Sie den Unterschied wahr.

Diese Vorarbeit eicht das Empfinden für die Unterscheidung zwischen einem Ja und einem Nein, denn beim Nennen des fremden Namens fällt das Öffnen des Lides meist spürbar schwerer. Der Test zu speziellen Fragen erfolgt dann, indem Sie sich auf diese Fragen konzentrieren oder dazu entsprechende Aussagen verbalisieren, während Sie versuchen, das Lid ganz sanft zu öffnen. Funktioniert das problemlos, so bedeutet dies ein Ja; fällt es schwer oder scheint es kaum durchführbar, ist die Antwort ein Nein.

Möglichkeiten zur Nutzung des Muskeltests

Bei der Anwendung von BSFF ermöglicht Ihnen der kinesiologische Muskeltest als optimales Prüfinstrument eine wesentlich gezielter angelegte Arbeit und damit deren zeitliche Verkürzung. Sie können den Test auf folgende Arten nutzen:

- Überprüfen Sie jedes vermutete Problem und anschließend jeden emotionalen Aspekt desselben dahingehend, ob dieses Problem tatsächlich vorhanden ist und die dazu bestehenden gehörenden Gefühle, Gedanken, Haltungen, Einstellungen und Imaginationen wirklich belastend wirken. Hier kann sich zeigen, dass Ihre *bewusste* Bewertung des Problems völlig anders ist als das Ergebnis des Muskeltests, ganz einfach deshalb, weil die belastenden „Programme" unbewusst ablaufen.

- Zusätzlich können Sie *nach* einer BSFF-Anwendung das Ergebnis verifizieren. In diesem Fall bestätigt der Muskeltest entweder Ihr schon vermutetes Ergebnis und die bereits erfolgreiche Anwendung von BSFF oder er macht deutlich, dass eine weitere Codierung nötig ist.

Grundsätzlich ist dieser kinesiologische Muskeltest sehr gut dazu geeignet, unbewusste emotionale und körperliche Empfindungen zu sondieren, die Aufmerksamkeit auf die richtigen Bereiche zu lenken und das weitere Vorgehen entsprechend auszurichten. Natürlich können die Ergebnisse des Tests, speziell bei Anwendung durch Laien, angezweifelt werden; hundertprozentige Sicherheit besteht nicht. Andererseits ist der Test seit Jahrzehnten ein gut validiertes Instrument und für seine Anwendung im Zusammenhang mit BSFF ist eine absolute Verifizierung ohnehin nicht notwendig. Wenn Sie bezüglich des Ergebnisses unsicher sind, können Sie nämlich sofort einen Gegentest durchführen oder BSFF anwenden. Sie sollten den Muskeltest daher eher als ein praktikables Werkzeug ansehen, das ermöglicht, über Vertrauen und Verifizieren zu Ergebnissen zu gelangen, die Sie intuitiv mit der Zeit immer mehr als sicher annehmen können.

Der Muskeltest kann Ihnen sehr nützlich sein, wenn es darum geht, wie es im Ablauf der Anwendung von BSFF weitergehen sollte und welcher nächste Schritt optimal wäre. Bei Zweifeln machen Sie einfach zur Sicherheit einen weiteren Durchgang. „Überflüssige" Problembearbeitung hat nämlich, abgesehen von dem zusätzlichen Zeitaufwand, keinerlei negative Auswirkungen. In positiver Hinsicht führen sie jedoch zu einem abgesicherten Ergebnis und beseitigen Ihre Unsicherheit.

⚠ Zusammenfassung

Der kinesiologische Muskeltest ist eine Prüfmethode zum Stresszustand des Organismus.

- Reagiert ein angespannter Muskel auf einen Druck von etwa 1 kg Gewicht stark, das heißt, hält er diesem Druck stand, so funktioniert der Energiekreislauf einwandfrei, es liegt kein Stress vor. Diese Reaktion bedeutet Zustimmung zur gestellten Frage und damit ein Ja.
- Gibt der Muskel dem Druck nach, ist das Fließen der Lebensenergie gestört und es besteht Stress im Organismus. Die schwache Reaktion des Körpers bedeutet ein Nein zur gestellten Frage.

Im Prozess von BSFF stellt der Muskeltest ein optimales Kontrollinstrument dar, mit dem man prüfen kann,

- ob ein vermutetes Problem tatsächlich gegeben ist und welche emotionalen Aspekte (Gefühle, Gedanken, Haltungen, Einstellungen und Imaginationen) davon betroffen sind,
- ob das Ergebnis ausreichend ist oder ob nachgebessert werden muss,
- in welcher Richtung die weitere Arbeit optimal erfolgen sollte.

Der Muskeltest zeigt also, wo man sich im Ablauf der Anwendung von BSFF gerade befindet, was energetisch, körperlich und emotional vor sich geht und welcher Schritt als nächster angesagt ist.

Wichtige Schritte vor und bei der Anwendung des Muskeltests:

- Informieren des Unbewussten über die Bedeutung der unterschiedlichen Muskelreaktionen und Eichen über den Klartest
- Programmieren des Unbewussten auf den Test sämtlicher Muskeln des Körpers über den jeweils genutzten Indikatormuskel
- Ausreichendes Versorgen des Organismus mit Wasser und Vermeiden von Störquellen

- Erbitten der vollen Unterstützung des Unbewussten bei der erfolgreichen Ausführung des Muskeltests über einen konstruktiven Dialog und Bearbeiten diesbezüglicher Widerstände, Zweifel und Unsicherheiten

- Mentales Eichen des Systems über folgenden Behandlungssatz:

  ☁❗ „Mein Muskelsystem macht Aussagen darüber, was für mich richtig oder wahr ist, indem es den Testmuskel stark macht, und Aussagen darüber, was für mich falsch oder unwahr ist, indem es den Testmuskel schwach werden lässt." ✓Code

- Durchführen eines Gegentests zum Bestätigen zweifelhafter Ergebnisse

- Nochmaliges Codieren einer schwach testenden Aussage und anschließendes Behandeln mit themenbezogenen Sätzen oder dem globalen Behandlungssatz:

  ☁❗ „Behandle, was immer meinen Organismus hierzu gerade schwächte." Test⊟ ⇒ ✓Code

Die Anwendung von BSFF ohne Muskeltest

Natürlich ist es möglich, dass Sie bezüglich des Muskeltests und des Selbsttests unsicher und skeptisch sind oder Schwierigkeiten mit der exakten Durchführung haben. In diesem Fall können Sie BSFF auch ohne kinesiologische Überprüfung anwenden. Sie bearbeiten dann einfach immer und automatisch jeden einzelnen Aspekt mit dem Code, unabhängig davon, ob dies in manchen Fällen bei Überprüfung durch den Muskeltest vielleicht gar nicht notwendig gewesen wäre. Ein solches Vorgehen bedeutet nur einen gewissen zusätzlichen Zeitaufwand, eine überflüssigerweise durchgeführte Anwendung des Codes hat aber keinerlei negative Auswirkungen.

Wenn Sie das Ergebnis nicht über den Muskeltest prüfen, müssen Sie natürlich auf andere Hinweise für den Erfolg der BSFF-Anwendung zurückzugreifen. Hierbei sind verstärkt intuitives Wissen oder eventuelle körperliche Reaktionen zu beachten. Betrachten Sie in diesem Fall Ihr eigenes Empfinden jedoch mit Vorsicht. Im Zusammenhang mit BSFF ist das Ergebnis des Muskeltestens oft sehr unerwartet. Viele geübte Anwender berichten von völlig überraschenden Testergebnissen, während sie bei Anwendung des Tests im Kontext anderer Methoden relativ sichere Prognosen treffen können. Verlässt man sich also bei der Anwendung von BSFF ausschließlich auf intuitives Wissen, so kann dieses vom Unbewussten gezielt in eine falsche Richtung gelenkt werden.

Ein gutes Gefühl ist noch kein absolut sicherer Indikator, es kann sich auch um einen unbewussten Schutz des Problems handeln, gesteuert von einer noch nicht bearbeiteten Facette des Unbewussten. Wenn bestimmte Aspekte eines Problems aufgrund solcher unbewussten Schutzmechanismen verborgen und daher unbehandelt bleiben, bildet sich eventuell das gesamte Problem wieder nach. Sie sollten daher die Überprüfung des Ergebnisses nicht ausschließlich dem intuitiven Empfinden überlassen. Eine zuverlässigere Alternative zum Muskeltest kann die Skalierung Ihres Befindens darstellen, die im nächsten Kapitel erläutert wird.

Was die Richtung des Prozesses betrifft, gelten dieselben Einschränkungen bezüglich der Intuition wie zuvor ausgeführt. Natürlich müssen Sie sich ohne Nutzung eines Prüfsystems auf ihre Intuition verlassen, doch auch hier kann dieses Vorgehen seine Tücken haben. Es wäre nämlich denkbar, das Ihr Unbewusstes Sie gezielt in eine falsche Richtung lenkt, um Sie von der Lösung des eigentlichen Problems abzubringen.

In der Praxis zeigt sich, dass solche kritischen Situationen besser mithilfe eines in der Anwendung von BSFF erfahrenen Therapeuten anzugehen sind, weil ein geschulter externer Beobachter Ihre Mechanismen der Selbsttäuschung leichter durchschauen und verhindern kann. Bei der selbstständigen Anwendung müssen Sie daher extrem gründlich, präzise und vorausschauend sein. Nach einiger Zeit werden Sie dann ein Gespür dafür entwickeln, wann Sie sich selbst hinters Licht führen und kritische Themen unbewusst geschickt zu umgehen versuchen.

Hierbei kann der weiter unten erklärte Einsatz des *Temporal Tap* hilfreich sein. (Siehe dazu das Kapitel „Bearbeitung verborgener Probleme") Dabei weisen Sie Ihr Unbewusstes ganz gezielt an, Ihnen bisher noch unbekannte Bereiche Ihres Bewusstseins zugänglich zu machen und Ihnen Ideen zum weiteren Vorgehen bewusst werden zu lassen. Auch in diesem Bereich ist die Anwendung von BSFF ohne den Muskeltest letztlich zwar sicher zeitaufwendiger, aber doch effektiv und erfolgreich durchführbar.

Machen Sie sich grundsätzlich nicht allzu viele Gedanken über eventuell erfolglose Versuche. Wenn Sie BSFF dauerhaft und intensiv anwenden, werde Sie auf lange Sicht auch bei solchen komplexen Themen erfolgreich sein, die Sie im ersten Anlauf noch nicht gemeistert haben. Probleme lassen sich von verschiedenen Seiten her angehen und irgendwann werden Sie erfolgreich sein – auch bei den „dicken Brocken".

Wenn Sie mit einem Lebensthema letztlich trotz aller Bemühungen nicht klarkommen, dann suchen Sie sich dazu professionelle Hilfestellung. Oft ist der neutrale Blick von außen vorübergehend notwendig, bis man wieder alleine erfolgreich fortfahren kann.

Skalieren – die Alternative zum Muskeltest

Sollte Ihnen keine der Testvarianten leicht und sicher durchführbar erscheinen, so haben Sie die Möglichkeit, das Ergebnis mittels Skalierung des Stressfaktors zu beurteilen. Hierbei schätzt man die Intensität des Problems auf der sogenannten SUD-Skala. (SUD ist die Abkürzung von *subjective units of distress,* zu Deutsch: subjektive Stresseinheiten) Die Zahl 10 steht für den höchsten Grad von Stress, 0 bezeichnet einen stressfreien Zustand. Ausgangspunkt der Beurteilung ist die Belastung beim Empfinden des Problems in der Gegenwart.

Sie sollten also jenen Zahlenwert ermitteln, der Ihrem momentanen Zustand beim *Denken an die Situation* entspricht, wobei die folgende Frage hilfreich sein kann: „Wenn ich jetzt gerade eine Empfindung zu dem Problem … hätte, wie stark wäre diese Empfindung dann auf einer Skala von 0 bis 10?"

Falls Sie ein grundlegendes Misstrauen gegenüber dem Muskeltest haben, so gilt dasselbe meist auch für das Skalieren, das stark auf Intuition und damit auf subjektivem Empfinden basiert. Ihre unbewussten inneren Widerstände können sich sogar als totale Unfähigkeit äußern, überhaupt zu skalieren. In solch einem Fall sollten Sie Ihren Verstand beruhigen und ihm erst einmal zustimmen. Bestätigen Sie Ihre kritischen Anteile dahingehend, dass der ermittelte Wert tatsächlich extrem subjektiv, unüberprüfbar und vermutlich auch ungenau ist, und weisen Sie dann darauf hin, dass er nicht den Kriterien wissenschaftlicher Überprüfung standhalten muss. Führen Sie sich vor Augen, dass die unterschiedlichen Prüfsysteme ausschließlich dem Zweck dienen, eine *Vergleichsmöglichkeit* bei der Beurteilung des Prozesses zu schaffen.

Wie auch bisher gilt einmal mehr: Treten Sie in einen konstruktiven Dialog mit Ihrem Unbewussten und bringen sie es durch eine Mischung von Befehl und Bitte dazu, mit Ihnen im Sinne Ihrer bewussten Wünsche (und mit diesmal mithilfe der Skalierungsmethode) zusammenzuarbeiten. Dafür gilt es natürlich, bezogen auf Ihre speziellen Befürchtungen, Vorbehalte, Ängste und Widerstände, sämtliche auch nur irgendwie möglichen Hindernisse einer erfolgreichen Zusammenarbeit aus dem Weg zu räumen. Seien Sie auch hier wieder sehr präzise und finden sie, abgesehen von den weiter unten dargestellten, eher allgemeinen Möglichkeiten noch die speziell für Ihre Bedürfnisse wichtigen Prüf- und Bearbeitungsoptionen zur optimalen Nutzung der Skalierungstechnik.

Wenn Sie den Behandlungserfolg also über eine Skala prüfen wollen, diesbezüglich aber skeptisch sind, so können Sie vor der Anwendung dieser Messmethode innere Widerstände direkt mit BSFF beseitigen. Um die eigenen Fähigkeiten des erfolgreichen Skalierens zu maximieren, eignet sich beispielsweise die folgende Anweisung:

⚠ **„Behandle alles, was verhindert, dass ich intuitiv richtig skaliere im Zusammenhang mit Fragen zum Stressniveau meines Organismus."** ☑Code

In ähnlicher Weise können Sie auch Zweifel an der Gültigkeit des Ergebnisses und Unsicherheiten betreffend die Akzeptanz desselben beseitigen:

⚠ **„Behandle alles, was verhindert, dass ich fest und absolut sicher an das Ergebnis meiner Skalierung glaube und dieses akzeptiere, wie immer es auch ausfällt."** ☑Code

Nach solcher sowie ihrer speziell angepassten Vorarbeit können Sie mit einer Skala …

- vor der ersten BSFF-Anwendung festhalten, wie stark die Belastung beim Denken an das Problem ist, wie sehr es also den Organismus in seiner Gesamtheit schwächt;

- im Verlauf der Anwendung den bereits erreichten Fortschritt – in Relation zur Erstskalierung – feststellen;

- prüfen, inwieweit einzelne Testsätze negative Auswirkungen haben und daher bearbeitungsbedürftig sind oder auch nicht;

- ermitteln, ob vermutete Problemaspekte tatsächlich belastend sind und daher die angestrebte Richtung der Bearbeitung überhaupt zielführend ist.

Um beim Skalieren ein optimales Ergebnis zu erhalten, sollten Sie noch die folgenden Aspekte berücksichtigen:

- Skalieren Sie unbedingt sehr schnell, um das Ergebnis wirklich aus einer intuitiven Ebene abzurufen und nicht durch Denkprozesse zu stören.

- Da das Skalierungsergebnis nicht mental ermittelt werden soll, können Sie es auch erraten. Professionelle Überprüfungen erratener

Ergebnisse haben gezeigt, dass diese meist sehr stimmig sind, weil beim Raten wiederum keine mentale Störung der Intuition erfolgt.

- Dasselbe gilt für eine weitere Möglichkeit, nämlich das bewusste Lügen. Es kann sein, dass Sie nicht imstande sind, schnell und intuitiv zu skalieren, und dass es auch eine innere Abwehr dagegen gibt, auf dieselbe Art zu raten. Helfen Sie sich in solch einem Fall mit einem Trick: Lügen Sie ganz bewusst und ausnahmsweise ohne schlechtes Gewissen. Wenn Sie sich selbst bewusst die Anweisung geben, zu lügen, bezieht Ihr Unbewusstes bei diesem Lügenprozess zusätzliche Gedanken oder Einsichten aus der Vergangenheit in die Skalierung mit ein. Bei ehrlichem Skalieren oder Raten wären solche Ideen vermutlich unberücksichtigt geblieben, weil Ihr „moralisch denkendes" Bewusstsein sie sofort als unwahr oder nicht erreichbar verworfen hätte. Ein gelogenes Ergebnis kann daher umfassender und entsprechend hilfreich sein. Dies mag Ihnen sonderbar vorkommen, aber das menschliche Gehirn funktioniert nun einmal nicht immer nach (scheinbar) logischen Regeln. Natürlich sollten Sie diese Möglichkeit nicht zum Standardverfahren machen, sondern sich sehr wohl um eine intuitive und möglichst reale Skalierung bemühen. Wenn das aber irgendwann gar nicht funktionieren sollte, können Sie es ruhig auch einmal mit der „Lügenvariante" versuchen.

- Die Verbesserung von Skalenwerten sollte grundsätzlich *nicht in ständig gleichen Sprüngen* von beispielsweise einem halben oder einem ganzen Skalenpunkt erfolgen. Untersuchungen im Bereich therapeutischer Methoden, die ebenfalls mit Skalierungen arbeiten, haben ergeben, dass nur *unterschiedlich* große Sprünge auf der Skala auf wirkliche Verbesserung hinweisen. Wenn jede Anwendung von BSFF über Codierung eines bestimmten Problemaspekts dieselbe Veränderung um eine gewisse Skaleneinheit ergibt, sollten Sie daher aufmerksam werden und vermuten, dass im Hintergrund ein unbewusster Blockademechanismus abläuft. In einem solchen Fall liegt vermutlich ein *Fail-Safe* vor, das Sie dann zuerst bearbeiten müssen, bevor Sie die eigentliche Arbeit fortsetzen können. (Siehe dazu das Kapitel über das Fail-Safe-Verfahren.)

- Für Fragen, auf die man nur mit Ja oder Nein antworten kann, eignen sich Skalen grundsätzlich nicht so gut. Es kann aber doch sein, dass Sie im Laufe der zunehmenden Übung im Umgang mit dieser Form von Beurteilung ein Gespür dafür entwickeln, wann ein

Skalenwert absolut sicher bei 0 oder 10 liegt. In diesem Fall wäre – je nachdem, welche Aussage Sie welchem Ende der Skala zuordnen – jeder andere Wert zwischen den beiden Polen eine unentschiedene Aussage. 0 oder 10 würden dann jedoch zuverlässig für Zustimmung oder Ablehnung zur Frage stehen.

Natürlich setzt jede Form von Skalierung voraus, dass Sie ihrem intuitiv ermittelten Skalenwert trauen. Sollten Sie also zur Skepsis neigen, so können Sie gut begründete Vorbehalte gegen Skalierungen aller Art haben. Alle ermittelten Werte kommen aus nichtwissenschaftlichen Quellen – nämlich von Ihnen selbst, und alle Arbeit wird von denselben undefinierbaren menschlichen Anteilen geleistet. Überall funkt das Unbewusste mit hinein und vielleicht verhindert es dabei die eigentliche Lösungsarbeit und lenkt das bewusste Denken nur ab?

In gewisser Weise könnten Sie Recht haben – schließlich ist alles möglich. Es ist also an der Zeit für grundsätzliche Überlegungen: Erst einmal können Sie nicht immer nur misstrauen, sonst müssten Sie letztlich auch Ihrem eigenen Misstrauen misstrauen. Die beste logische Schlussfolgerung ist also: Hören Sie damit auf, am besten gleich, und geben Sie sich, Ihrem Unbewussten und BSFF einen Vertrauensvorschuss.

Tun Sie also vorerst einige Zeit lang einmal so, als würden Sie dem Muskeltest, Ihren Skalenwerten und den Ergebnissen absolut vertrauen. Achten Sie dann auf die Veränderungen, die sich im Umfeld Ihrer bearbeiteten Probleme ergeben. Sehr wahrscheinlich werden Ihre Bedenken durch positive Ergebnisse beseitigt und Tests aller Art stellen dann kein Problem mehr dar.

BSFF hat außerdem derart viele Sicherheits-Checks eingebaut, dass auch ein zunächst vielleicht noch durch das Unbewusste geschützter Aspekt irgendwann in die Falle geht. Vielleicht können Sie ein grundsätzliches Lebensthema noch nicht im ersten Anlauf beseitigen. Mit der Zeit werden Sie es aber von so vielen Seiten und immer wieder bearbeiten, dass es irgendwann in sich zusammenbricht und auch der letzte Teilaspekt von der Anwendung einer der Instruktionen erwischt wird.

Es gilt also: Seien Sie vertrauensvoll, präzise und ausdauernd, dann haben Sie auch Erfolg!

6. Die Bearbeitung von Kernthemen

Bestimmte grundlegende Probleme (von Larry Nims als *core issues* bezeichnet) liegen bei allen Menschen vor und beeinflussen jeden anderen Bereich des Lebens. Die Kernthemen entwickeln sich aus zwei großen Problembereichen, bei denen es um falsche, herabsetzende und daher schädigende Selbstbeurteilungen geht: Gemeint sind ein negatives Selbstbild und mangelndes Selbstvertrauen. Es geht hier also um alle Probleme, die aus Ihrer Sicht der eigenen Person und Ihrer Einschätzung der eigenen Handlungen entstehen.

Ihre eigene Meinung über sich und über das, was Sie tun, hat sich in frühester Kindheit gebildet, wurde seitdem mehr und mehr gestärkt und beherrscht Ihr gesamtes Denken. Vielleicht wissen Sie aus leidvoller Erfahrung, wie schwierig es ist, ein schwaches Selbstvertrauen zu stärken oder erfolgreich aktiv zu sein in Bereichen, in denen man sich dies nicht zutraut.

Diese Kernthemen kann man daher auch nicht so nebenbei mit einer kurzen Anwendung von BSFF aus dem Weg räumen, denn dazu sitzen sie zu tief und sind zu eng mit zahlreichen anderen Themen verflochten. Dies steht keineswegs in Widerspruch zu der enormen Effektivität von BSFF, sondern bedeutet vielmehr, dass es für die Änderung von Verhaltensweisen, die die Fundamente unserer Persönlichkeit betreffen, eben größerer Anstrengung bedarf als für die Beseitigung von Schwierigkeiten in anderen Bereichen. Die Kernthemen tauchen sehr oft im Kontext verschiedener Probleme als deren Ursachen oder als zusätzliche Aspekte auf und spielen dann ohnehin eine große Rolle. In Anbetracht ihrer Wichtigkeit und Intensität ist es aber zusätzlich hilfreich, sich diesen Themen immer wieder gesondert und ganz speziell zu widmen. So trägt man dann sozusagen die gerade vorherrschenden „Spitzen" einer grundlegenden menschlichen Problematik ab, die einfach nur etappenweise verbessert werden kann. Es ist daher ratsam, als Einstieg in eine intensive Anwendung von BSFF diese Themen zumindest *einmal* generell zu bearbeiten, bevor Sie sich speziellen, aktuellen Problemen zuwenden.

Selbstbild

An erster Stelle unter den Kernthemen steht die Einschätzung der eigenen Person, also das Selbstbild oder Selbstkonzept (betreffend das *Sein* der Person). Es geht darum, wie wir uns selbst als Person und menschliches Wesen beurteilen und wie wir die Dinge einschätzen, die uns im Leben zustehen. Hier spielen Glaubenssätze wie die folgenden eine Rolle (selbstverständlich immer auch in ihrer gegenteiligen Form):

- „Ich mag mich."
- „Ich bin ein guter Mensch."
- „Ich verdiene Glück im Leben."
- „Ich verdiene es, geliebt zu werden." (Weitere Beispiele im Kapitel über Glaubenssätze und Ängste, unter „Glaubenssätze zur allgemeinen Lebenseinstellung".)

Als umfassende Standardbearbeitung *schädigender* Glaubenssätze zum Selbstbild ist folgende Anweisung zu benutzen:

☁ **„Behandle jede Blockade, die ich habe in Hinsicht auf ein angemessenes, wunderbares Selbstbild von mir als menschlichem Wesen und bezüglich der Einschätzung dessen, was mir als Mensch auf dieser Welt zusteht." ☑Code**

Anschließend kann der Erfolg mit dem folgenden Testsatz überprüft werden:

❗Test „Ich habe jetzt ein angemessenes, wunderbares Selbstbild von mir als menschlichem Wesen und verfüge über eine angemessene und hilfreiche Einschätzung dessen, was mir als Mensch auf dieser Welt zusteht." Test➖ ⇒ ☑Code

Selbstvertrauen

An zweiter Stelle unter den Kernthemen (sozusagen als logische Folge des ersten) steht das Selbstvertrauen, also die Beurteilung des eigenen *Handelns*. Hier geht es darum, wie wir uns selbst beurteilen bezüglich unserer Fähigkeiten, Talente, Charakteristika, Eigenschaften, sozialen Rollen, Aktivitäten und Handlungsmöglichkeiten. Beim Thema Selbstvertrauen spielen die folgenden Glaubenssätze eine Rolle (natürlich auch wieder in ihrer gegenteiligen Form):

* „Ich bin/kann …"
* „Ich bin gut in / bei …"
* „Ich bin ein fähiger Mensch."
* „Ich bin lernfähig." (Weitere Beispiele im Kapitel über Glaubenssätze und Ängste, unter „Glaubenssätze zum Selbstbild")

Als umfassende Standardbearbeitung *schädigender* Glaubenssätze zum Vertrauen in die eigene Person ist folgender Satz anzuwenden:

☁! „Ich behandle hiermit jedes Problem, das irgendwie verhindert, dass ich absolutes Vertrauen in mich habe bezüglich der Dinge, die ich tue, denke oder sage." ☑Code

☁! Anschließend ist der Erfolg wieder zu prüfen über folgenden Testsatz:

! Test „Ich habe jetzt absolutes Vertrauen in mich bezüglich der Dinge, die ich tue, denke oder sage." Test ⊟ ⇒ ☑Code

❖ ❖ ❖

Kernprobleme beeinflussen das menschliche Verhalten auf einer extrem tief liegenden Ebene und sind daher kaum mit einer einzigen Behandlung gänzlich und in allen Aspekten zu beseitigen. Es handelt sich um problematische Themen, die Sie immer wieder in unterschiedlichen Facetten bearbeiten sollten. Auch bei der Bearbeitung ganz anderer Probleme ist zu beachten, dass Aspekte dieser Kernprobleme zugrunde liegen könnten. Es ist also hilfreich, wenn Sie bei tiefer gehender, intensiverer Anwendung von BSFF von vornherein davon ausgehen, dass höchstwahrscheinlich auch herabsetzende und daher schädigende Selbstbeurteilungen Gründe für das Problem sein könnten.

Die Behandlung der beiden wichtigsten Kernprobleme Selbstbild und Selbstvertrauen bedeutet nicht, dass dann augenblicklich gewisse Dinge passieren oder dass Sie sofort bestimmte Eigenschaften ablegen oder entwickeln. Vielmehr können Sie nach erfolgreicher Bearbeitung überhaupt erstmals *zulassen*, dass diese Dinge passieren, verschwinden oder entstehen – wenn sich die Gelegenheit dazu ergibt! Sie haben dann immerhin die *Wahl*, sich für oder gegen ein bestimmtes Verhalten oder eine gewisse Sicht Ihrer Person zu entscheiden, während zuvor keine Option bestand und Sie nur reaktiv handeln konnten.

Auch wenn grundsätzlich jeder Mensch von den schädigenden Auswirkungen negativer oder falscher und überzogener Glaubenssätze bezüglich Selbstbild und Selbstvertrauen betroffen ist, leiden Menschen mit chronischen psychischen Befindlichkeitsstörungen in besonders starkem Ausmaß daran. In diesem Fall sowie bei generellen Lebensproblemen sind daher zuerst immer die dem jeweiligen Thema entsprechenden Kernthemen gründlich zu bearbeiten. Häufig steht dabei auch ein Widerstand im Hintergrund, wie er im Folgenden beschrieben wird.

7. Das Fail-Safe-Verfahren

Das typisch menschliche Verhalten beinhaltet gewisse Grundmuster von Abwehr gegen grundlegende Veränderungen von Denk- und Verhaltensweisen, vor allem wenn diese bereits über längere Zeit praktiziert wurden und fest in das Weltbild des Menschen eingebaut sind. Das Unbewusste aktiviert dann Mechanismen, die jede Form von Veränderung blockieren und damit die Codierung eines Problems wirkungslos machen. Das sogenannte *Fail-Safe* (frei übersetzt die „Absicherung gegen Misslingen") ist ein Spezialverfahren im Ablauf von BSFF, eine Art Störungssicherung, die dann zur Anwendung kommt, wenn die Codierung aufgrund innerer Widerstände gegen Veränderungsprozesse keinen Erfolg mehr bringt.

Sobald nämlich die unbewussten Abwehrmechanismen gegen eine Veränderung stärker werden als die durch den Code aktivierten Prozesse, stagniert die Verbesserung bei der Anwendung von BSFF. Es hat sich in der „BSFF-Sprache" eingebürgert, in diesem Fall davon zu sprechen, dass „im Hintergrund ein Fail-Safe abläuft"; das, was unbewusst passiert, wird also als Fail-Safe bezeichnet, obwohl es sich beim Fail-Safe-Verfahren ja eigentlich um die Technik zur Beseitigung solcher Widerstände handelt. Die Bezeichnung Fail-Safe ist also in der Praxis der Anwender mit doppelter Bedeutung belegt. Um Sie aber nicht zu verwirren, wird hier von nun an unterschieden zwischen dem Fail-Safe als störendem Widerstandsprogramm im unbewussten Hintergrund und dem Fail-Safe-Verfahren als Spezialmethode zum Beseitigen solcher Störungen.

Während verschiedene Richtungen der *Energy Psychology* für manche dieser unbewussten Störprogramme die Bezeichnung „psychische Umkehrung" geprägt haben und davon ausgehen, dass es sich um energetische Blockaden als Folge grundlegender Selbstablehnung handelt, verwirft der BSFF-Begründer Larry Nims diese Theorie. Daher wird bei der Anwendung von BSFF auch nicht nach den *Ursachen* oder der genauen Herkunft solcher Störungen gesucht – sie werden vielmehr als momentan gegebene Probleme definiert und mit dem Fail-Safe-Spezialprogramm entfernt.

Das Fail-Safe-Verfahren beinhaltet ein Set von elf speziellen Prüf- und Behandlungssätzen, die man bei Bedarf codieren sollte, um die unbewussten Widerstände zu beseitigen und anschließend die Anwendung von BSFF wieder erfolgreich weiterführen zu können. Die elf Fail-Safe-Sätze sind allerdings nicht ständig (etwa als vorbeugende Maßnahme gegen eventuelle Widerstände) anzuwenden, sondern wirklich nur im Bedarfsfall, dass heißt bei Stagnation im Ablauf der Anwendung von BSFF. Die Durchführung des Fail-Safe-Verfahrens ist also immer dann erforderlich, …

- wenn Sie nach mehreren Durchgängen mit BSFF keine Besserung erfahren oder

- wenn das Problem zurückkehrt (was durchschnittlich bei 10 bis 15 Prozent der Anwendungen der Fall ist)

- sowie außerdem fast immer bei chronischen psychischen Problemen und wesentlichen Lebensthemen.

Die Anwendung des Fail-Safe-Verfahrens erfolgt in der Weise, dass die elf Fail-Safe-Sätze (wie auf Seite 96 formuliert) dahingehend getestet werden, ob wirklich Bearbeitungsbedarf besteht, und bei Notwendigkeit anschließend codiert werden. Diese Sätze beinhalten sämtliche wichtigen Optionen zum Ausschalten noch bestehender innerer Widerstände. Wenn Sie gerade erst begonnen haben, BSFF zu benutzen, werden Sie häufiger auf ein Fail-Safe stoßen. Im Laufe der intensiveren Durchführung der Methode nimmt dann Ihre unbewusste Abwehr gegen Veränderung immer mehr ab und die Durchführung des Fail-Safe-Verfahrens wird immer seltener erforderlich sein.

Während Sie die Verfahrenssätze sprechen, können Sie das darin enthaltene Wort *Problem* durch eine kurze Beschreibung des Tatbestandes ersetzen, beispielsweise in der Art von:

„Ich möchte von … (genaue Beschreibung des Problems) befreit sein." ☑Code

„Ich möchte von meiner Angst befreit sein, vor Publikum eine Rede zu halten." ☑Code

Ebenso ist es aber auch möglich, dass Sie vor der Ausführung des Fail-Safe-Verfahrens Ihrem Unbewussten mitteilen, was es im Laufe der weiteren Arbeit unter der Bezeichnung *Problem* zu verstehen hat. Instruieren Sie dazu Ihr Unbewusstes folgendermaßen:

🌀 „Unbewusstes, bei den folgenden Sätzen meine ich mit dem Wort *Problem* ... (genaue Beschreibung)."

🌀 „Unbewusstes, bei den folgenden Sätzen meine ich mit dem Wort *Problem* meine Angst, vor Publikum eine Rede zu halten."

Nach einer solchen Instruktion können Sie verkürzend ausschließlich das Wort *Problem* nutzen; Ihr Unbewusstes weiß dann, worum es sich handelt.

Die elf Fail-Safe-Sätze

Bei der Anwendung des Fail-Safe-Verfahrens sind die im Folgenden aufgelisteten elf Sätze nacheinander zu sprechen oder zu denken, dann gegebenenfalls mit der Testmethode Ihrer Wahl dahingehend zu prüfen, ob sie zutreffen oder nicht, und bei Bedarf zu codieren. Die ersten acht Sätze stehen in Verbindung zu grundlegenden Abwehr- und Widerstandshaltungen, die letzten drei Sätze sind mehr umfassend gehalten und beziehen alle irgendwie noch offenen und zuvor nicht ausreichend berücksichtigten Aspekte von Gegenwehr mit ein. Die Fail-Safe-Sätze wirken sozusagen in hierarchischer Abfolge. Sie sollten daher genau in dieser Reihenfolge und mit möglichst gleichem Wortlaut genutzt werden:

1. ☁ „Ich möchte von diesem Problem / von … befreit sein." **Test −** ⇒ **⌁Code**

2. „Ich bin bereit, von diesem Problem / von … befreit zu sein."

3. „Ich bin bereit, von jetzt an von diesem Problem / von … befreit zu sein."

4. „Ich erlaube mir, von jetzt an von diesem Problem / von … befreit zu sein."

5. „Es ist hundertprozentig in Ordnung für mich, von jetzt an komplett von diesem Problem / von … befreit zu sein."

6. „Ich verdiene es, dauerhaft von diesem Problem / von … befreit zu sein."

7. „Ich bin bereit, all den positiven Nutzen zu empfangen, den es mit sich bringt, von diesem Problem / von … frei zu sein."

8. „Ich werde alles Notwendige tun, um sicherzustellen, dass ich von jetzt an von diesem Problem / von … befreit bin und es auch bleibt."

9. „Es gibt noch ein oder mehrere Probleme, die mich dazu bringen können, dass ich das vorliegende Problem / … behalte oder es wieder annehme."

10. „Es gibt noch irgendetwas in mir, was mich dazu bringen kann, dieses Problem / … zu behalten oder wieder anzunehmen."

11. „Ich bin immer noch anfällig und empfänglich dafür, dieses Problem / … irgendwann wieder anzunehmen."

Die Durchführung des Fail-Safe-Verfahrens

Beim Bearbeiten der einzelnen Fail-Safe-Sätze berücksichtigen Sie bitte die folgenden Aspekte und nutzen Sie zusätzlich die gleich angeführten Möglichkeiten:

Prüfoption zum Vorliegen eines Fail-Safe

Im Falle von chronischen psychischen Problemen, grundlegenden Lebensthemen oder schlechtem Behandlungsfortschritt ist immer davon auszugehen, dass im Hintergrund ein Fail-Safe abläuft, das vorrangig zu bearbeiten ist, bevor die Behandlung des Ursprungsproblems erfolgreich fortgesetzt werden kann.

Um festzustellen, ob tatsächlich ein Fail-Safe vorliegt, überprüfen Sie am besten die ersten beiden Sätze des Programms, meist zeigen sich hier bereits grundlegende Widerstände. Sehr oft haben Sie nämlich auf einer tiefen Ebene sehr wohl Vertrauen in Ihr Können und den tief empfundenen Wunsch, das Problem zu beseitigen. Im Muskeltest zeigt sich dann jedoch, dass Sie nicht wirklich an die Umsetzung Ihrer angestrebten Absicht glauben. Ihr Wille, einen Wunsch in die Realität umzusetzen und das Problem zu lösen, wird von einem unbewussten Programm blockiert. Das merken Sie meistens daran, dass Satz Nr. 1 bei Überprüfung des Muskels stark testet, Satz Nr. 2 dagegen schwach.

! Test 1. „Ich möchte von diesem Problem befreit sein."

! Test 2. „Ich bin bereit, von diesem Problem befreit zu sein." **Test −**

Testet einer der beiden Sätze schwach (meist der zweite), ist die Bearbeitung dieses Widerstandes notwendig.

Ergebnisprüfung

Das Prüfergebnis vieler Sätze des Fail-Safe-Verfahrens wird Ihnen völlig unerwartet und Ihrem (bewussten) Denken widersprechend erscheinen. Es handelt sich hierbei um ein Grundphänomen tief liegender Blockaden: Ihr bewusster Wille und Ihre tatsächlichen Aktionen und Reaktionen sind in solch einem Fall völlig entgegengesetzt. Eigentlich haben Sie die feste Absicht, eine lästige Angewohnheit abzulegen oder ein schwieriges Problem endlich zu beseitigen – Ihr Unbewusstes hat jedoch seinen eigenen Kopf. Es handelt gemäß früherer Anweisung völlig anders, als Sie das gerne hätten, und es ist dabei wesentlich erfolgreicher als Ihr bewusstes Ich. Es sträubt sich mit aller Gewalt gegen Neuerungen und Änderungen aller Art, weil es ja einen alten und völlig anders lautenden Auftrag ausführen muss. Um ihm klarzumachen, dass nun andere Regeln gelten, sollten Sie die Behandlungsergebnisse besonders gründlich überprüfen, vorzugsweise in mehreren sprachlich abgewandelten Varianten und zusätzlich im Gegentest. Nur so können Sie sozusagen mit kriminalistischem Gespür wirklich alle eventuellen Restwiderstände aufdecken und bei Bedarf nochmals bearbeiten. Solche vertiefenden Prüf- und Behandlungssätze können beispielsweise wie folgt lauten:

! Test „Ich möchte jetzt wirklich von diesem Problem befreit sein."
Test − ⇒ **✓ Code**

- „Ich möchte eigentlich nach wie vor noch nicht wirklich von diesem Problem befreit sein."
- „Ich bin nun tatsächlich bereit, von diesem Problem befreit zu sein."
- „Ich bin immer noch nicht ganz bereit, von diesem Problem befreit zu sein."
- „Ich bin bereit, später einmal von diesem Problem befreit zu sein – aber noch nicht jetzt."
- „Ich erlaube mir nach wie vor noch nicht, von jetzt an von diesem Problem befreit zu sein, denn ich glaube / befürchte …"
- „Es ist fast hundertprozentig in Ordnung für mich, von jetzt an komplett von diesem Problem befreit zu sein – aber irgendetwas spricht noch dagegen."
- „Ich verdiene es nicht wirklich, dauerhaft von diesem Problem befreit zu sein, denn ich bin …"
- „Ich bin bereit, all den positiven Nutzen zu empfangen, den es mit sich bringt, von diesem Problem frei zu sein, auch wenn ich denke, dass mir das nicht zusteht, weil …"
- „Ich werde alles Notwendige tun, um sicherzustellen, dass ich von jetzt an von diesem Problem befreit bin und es auch bleibe – und ich glaube, was ich gerade gesagt habe."

Bauen Sie in solche Prüf- und Behandlungssätze intuitiv alle möglichen Bedenken und vermuteten Gründe für Widerstand ein, die zum jeweiligen Problem oder Thema existieren oder existieren könnten, und bearbeiten Sie diese bis zu ihrer völligen Beseitigung.

Entwicklung abgestimmter Varianten

Bringt die Durchführung des Fail-Safe-Verfahrens in der Grundform kein ausreichendes Ergebnis, so können Sie es wiederholen, diesmal mit Abstimmung der Sätze auf das konkret bearbeitete Problem. Alternativ zu „ich" sollten Sie dann Bezeichnungen wählen wie

- mein Körper,
- mein innerster Wesenskern,
- alle meine Energiesysteme,
- alle Aspekte meiner Existenz

oder ein für Sie persönlich passendes Synonym, das Ihnen in Bezug auf das jeweilige Problem angemessener erscheint.

⚠ „Mein Körper möchte von diesem Problem befreit sein."
Test ⊟ ⇒ ☑**Code**

- „Mein innerster Wesenskern ist bereit, von diesem Problem befreit zu sein."

- „Alle meine Energiesysteme sind bereit, von jetzt an von diesem Problem befreit zu sein."

- „Alle Aspekte meiner Existenz verdienen es, dauerhaft von diesem Problem befreit zu sein."

- „Ich erlaube meinem …, von jetzt an von diesem Problem befreit zu sein."

Berücksichtigen Sie bei den Varianten des Fail-Safe-Verfahrens besonders die Position des Körpers. Was in Ihrem Bewusstsein vor sich geht, hat nämlich oft nur wenig mit dem zu tun, was Ihr Körper empfindet. Sobald Sie also hinter einem körperlichen Problem irgendeine psychische Komponente vermuten oder sich diese gar deutlich zeigt, sollten Sie unbedingt im Anschluss an die normalen Fail-Safe-Sätze einen zweiten Durchgang mit den körperbezogenen Varianten durchführen. (Siehe hierzu auch das Kapitel „Behandlung körperlicher Probleme".)

Vertiefende Arbeit mit den Sätzen Nr. 9, 10 und 11

Die drei Abschlusssätze des Fail-Safe-Programms beziehen sich auf eventuelle Rückfälle in das Problemverhalten, also auf die versteckte Bereitschaft, das Problem wieder anzunehmen. Um auch in tief liegenden, unbewussten Bereichen Veränderungen zu erreichen, können Sie diese Sätze in einem weiteren Durchgang noch verstärken durch den Zusatz von: „auf einer tiefen Ebene". Wenn Ihnen also die erste Behandlung noch nicht ausreichend erscheint oder eine Überprüfung noch restliche Widerstände ergeben hat, so führen Sie zur Vertiefung einfach eine weitere Runde mit folgenden Sätzen durch:

9. 👄 „Es gibt auf einer tiefen Ebene noch ein oder mehrere Probleme, die mich dazu bringen können, dass ich das vorliegende Problem behalte oder es wieder annehme." **Test−** ⇒ **✓Code**

10. „Es gibt auf einer tiefen Ebene noch irgendetwas in mir, das mich dazu bringen kann, dieses Problem zu behalten oder wieder anzunehmen."

11. „Ich bin auf einer tiefen Ebene immer noch anfällig und empfänglich dafür, dieses Problem irgendwann wieder anzunehmen."

Bearbeitung einer genauen Anzahl von Widerständen

Bei Satz Nr. 9 kann es hilfreich sein, wenn Sie die Anzahl der vorliegenden Probleme oder Widerstände ermitteln, um diese gezielter bearbeiten zu können. Erkunden Sie also zunächst die konkrete Anzahl mit einem Testsatz wie:

❗Test „Es gibt noch mehr als / weniger als 10 / 20 … Probleme."

Anschließend holen Sie die Erlaubnis ein, die Gesamtheit dieser Probleme mit einer Anwendung aufzulösen. Das bedeutet, Sie fragen Ihr Unbewusstes erst einmal, ob es fähig und willens ist, eine derart umfangreiche Arbeit sozusagen auf einen Schlag durchzuführen, oder ob es notwendig ist, den Vorgang in kleinere Schritte aufzuteilen. Sie prüfen also erst einmal folgenden Satz:

❗Test „Ich kann diese … (ermittelte Anzahl einsetzen) … Probleme alle in einem einzigen Durchgang beseitigen." **Test−** ⇒ **✓Code**

Sobald dieser Satz stark testet, können Sie zur Absicherung noch vertiefend prüfen:

❗Test „Egal, worum es sich handelt?" **Test−** ⇒ **✓Code**

Testet auch dieser Satz stark, führen Sie die Bearbeitung der ermittelten Anzahl von Problemen durch:

💬 „Bearbeite in einem Durchgang die ... (Anzahl einsetzen) Probleme oder Widerstände, die mich dazu bringen könnten, das vorliegende Problem zu behalten oder wieder anzunehmen." `Test−` ⇒ `✓Code`

Überprüfen Sie anschließend nochmals das Ergebnis:

`!Test` „Es gibt keine weiteren versteckten Probleme / Widerstände." `Test−` ⇒ `✓Code`

Für ein positives Ergebnis dieser Anwendung müssen Sie die genaue Anzahl an Problemen nicht unbedingt kennen. Ihr Bewusstsein fühlt sich jedoch in der Effektivität seiner Arbeit besonders bestätigt, wenn mithilfe des Muskeltests nach der Bearbeitung dokumentiert werden kann, dass eine enorme Anzahl an Problemen derart rasch beseitigt wurde. Sie können also Ihrem bewussten Anteil den kleinen Gefallen tun, ihm seine erfolgreiche und umfassende Arbeit zu bestätigen, vor allem wenn sie so schnell durchgeführt wird, wie dies bei Anwendung von BSFF der Fall ist.

Rückkehr zum Hauptproblem nach Durchführung des Fail-Safe-Verfahrens

Grundsätzlich dient das Fail-Safe-Verfahren dem Bearbeiten und Beseitigen von Abwehrhaltungen und unbewussten Widerständen gegen die Lösung eines gerade mit BSFF behandelten Problems. Das Ursprungsproblem selbst bleibt von der Durchführung dieses Spezialverfahrens unberührt. Sobald Sie also sämtliche Fail-Safe-Sätze erfolgreich bearbeitet haben, müssen Sie sich dem eigentlichen Problem wieder zuwenden und den eigentlichen Lösungsprozess *neu starten*. Das bedeutet, dass Sie sämtliche Bearbeitungsschritte, die zuvor nur stockend oder ergebnislos verliefen, wiederholen und die jeweiligen Anweisungen so lange codieren, bis das Ergebnis eindeutig positiv ist.

Dies ist ein besonders wichtiger Punkt: Vergessen Sie bitte nie, dass es *nach* der Durchführung des Fail-Safe-Verfahrens immer heißt:

„Alles auf Anfang und daher zurück zum eigentlichen Problem!"

⚠ Das Fail-Safe-Verfahren in Kurzform

Ein Fail-Safe liegt meist vor bei chronischen Problemen, Lebensthemen oder Stagnation im Behandlungsfortschritt. Es kann ermittelt werden über den Test der ersten zwei Verfahrenssätze:

! Test 1. „Ich möchte von diesem Problem befreit sein."

! Test 2. „Ich bin bereit, von diesem Problem befreit zu sein."

Bei schwachem Test eines der beiden Sätze (meist Nr. 2) ist eine Bearbeitung notwendig. Hierfür sind der Reihe nach die folgenden Sätze zu behandeln:

1. ☁ „Ich möchte von diesem Problem / von ... befreit sein."
   Test − ⇒ **✓ Code**

2. „Ich bin bereit, von diesem Problem / von ... befreit zu sein."

3. „Ich bin bereit, von jetzt an von diesem Problem / von ... befreit zu sein."

4. „Ich erlaube mir, von jetzt an von diesem Problem / von ... befreit zu sein."

5. „Es ist hundertprozentig in Ordnung für mich, von jetzt an komplett von diesem Problem / von ... befreit zu sein."

6. „Ich verdiene es, dauerhaft von diesem Problem / von ... befreit zu sein."

7. „Ich bin bereit, all den positiven Nutzen zu empfangen, den es mit sich bringt, von diesem Problem / von ... frei zu sein."

8. „Ich werde alles Notwendige tun, um sicherzustellen, dass ich von jetzt an von diesem Problem / von ... befreit bin und es auch bleibe."

9. „Es gibt noch ein oder mehrere Probleme, die mich dazu bringen können, dass ich das vorliegende Problem / ... behalte oder es wieder annehme."

10. „Es gibt noch irgendetwas in mir, was mich dazu bringen kann, dieses Problem / ... zu behalten oder wieder anzunehmen."

11. „Ich bin immer noch anfällig und empfänglich dafür, dieses Problem / ... irgendwann wieder anzunehmen."

- Als Alternative zu „ich" können in einem weiteren Durchgang auch Bezeichnungen wie *Mein Körper, Mein innerster Wesenskern, Alle meine Energiesysteme, Alle Aspekte meiner Existenz* oder ein persönlich passendes Synonym benutzt werden.

- Die drei letzten Fail-Safe-Sätze sind bei ungenügendem Behandlungsergebnis zu verstärken durch den Zusatz von „auf einer tiefen Ebene".

- Das Fail-Safe-Verfahren beseitigt *Widerstände* gegen die Lösung des Ursprungsproblems – *die Behandlung des zuvor bearbeiteten Problems selbst muss jedoch nach erfolgreicher Durchführung dieses Spezialprogramms wieder neu gestartet werden!*

8. Die Bearbeitung verborgener Probleme

Vor einiger Zeit entwickelte Larry Nims im Kontext von verborgenen und vergessenen Problemen eine neue und intensivere Form der Bearbeitung – in Kombination mit der Anwendung des *Temporal Tap* (zu Deutsch: Schläfenklopfen). Hierbei handelt es sich um eine sehr effektive Methode der Veränderung schädigender Einstellungen und Gewohnheiten, negativer Überzeugungen oder hinderlicher emotionaler Reaktionen, und zwar mittels Klopfen der Knochennaht zwischen Schläfenbein und Keilbein. Dies ist jener Bereich um die Ohren, in dem, verglichen mit dem gesamten Körper, die höchste Konzentration an Nerven zu finden ist. (Vgl. Abbildung)

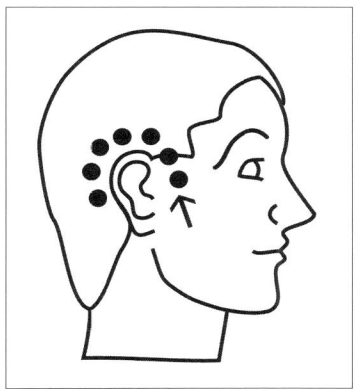

Die Lage der Klopfpunkte für das Schläfenklopfen

Diese unter professionellen Anwendern aus Kinesiologie und *Energy Psychology* bereits recht verbreitete Methode wurde ursprünglich (um die Mitte des 20. Jahrhunderts) von einem tschechoslowakischen Arzt entwickelt und dann von dem amerikanischen Chiropraktiker Dr. George Goodheart, dem Begründer der *Applied Kinesiology*, aufgegriffen und in die Kinesiologie eingebaut. Die Modellvorstellung dahinter ist folgende: Das Klopfen dieses Areals am Übergang zweier Schädelplatten beeinflusst sowohl das Gehirn als auch sämtliche Meridiane.

Speziell der Dreifache-Erwärmer-Meridian wird durch die Stimulation (in Gegenrichtung zu seiner Fließrichtung) beruhigt – was positive Auswirkungen auf die Homöostase des gesamten Körpers hat.

Vorrangig sind hier jedoch die Auswirkungen im psychischen Bereich: Durch das Klopfen wird nämlich derjenige Teil des Nervensystems, der an gegenwärtigen Glaubenssystemen und Verhaltensmustern festhält, ruhiggestellt. Dadurch kann das Filtersystem für eingehende Sinnesreize, das sich ebenfalls in diesem Areal befindet, vorübergehend außer Kraft gesetzt werden. Die fehlende Filterfunktion ermöglicht nun einerseits, dass schädigende Glaubens- und Verhaltensmuster leichter abtransportiert und damit beseitigt werden können, und macht außerdem das Gehirn wesentlich empfänglicher für die Aufnahme und Akzeptanz geänderter, positiver und hilfreicher Botschaften.

Über den Prozess des Schläfenklopfens, der üblicherweise noch mit dem Sprechen von Affirmationen verbunden wird, kombinieren Sie in idealer Weise einige sehr kraftvolle therapeutische Elemente wie Autosuggestion, Wiederholung, neurologische Programmierung sowie Fokussierung positiver Absichten. Damit können Sie Botschaften auch in sehr tiefe Ebenen Ihrer Existenz einbringen.

Stellen Sie sich als vereinfachendes Modell vor, dass es ein Tor zu Ihren innersten unbewussten Bereichen gibt, durch das – von Ihrem bewussten Denken ganz gezielt gelenkt – schädliche Ansichten, hemmende Glaubenssätze und alle Arten von psychischem „Müll" entsorgt werden können, ohne dass Wächter des Unbewussten dies verhindern. Natürlich machen sich viele Methoden dieses Tor zunutze und auch die Anwendung von BSFF lässt sich damit nochmals um vieles effektiver gestalten.

Hier wird die Methode des Schläfenklopfens hauptsächlich dazu genutzt, verborgene Probleme auf tief liegenden, unbewussten Ebenen zu beseitigen. So können Sie mittels Temporal Tap extrem schnell Probleme lösen, die zuvor nur sehr schwer zugänglich waren und nur über langwierige Prozeduren beseitigt werden konnten.

Instruktion zur Kombination von Code und Schläfenklopfen

Bevor diese neue Art von Anwendung für Sie nutzbar wird, müssen Sie Ihrem Unbewussten eine entsprechende Instruktion erteilen. Dazu ist es erst einmal darüber aufzuklären, worum es sich bei *Temporal Tap* handelt; das geschieht über eine dreimalige reale Durchführung.

Beachten Sie bei dieser ersten Ausführung des Schläfenklopfens bitte, dass Ihre Beine nicht überkreuzt sind und Ihre Hände ebenfalls nicht die Körpermitte kreuzen. Sie klopfen also mit der rechten Hand auf der rechten Kopfseite und mit der linken Hand im linken Kopfbereich, weil sonst der Energiefluss im Körper gestört werden kann. Die Entscheidung über die Kopfseite bleibt Ihnen überlassen, denn es geht bei dieser Durchführung nur um eine Demonstration für das Unbewusste, das später selbst die optimale Art der Anwendung wählen kann.

Der Ablauf

Klopfen Sie mit allen Fingern der jeweiligen Hand fest, im Rhythmus von zwei Schlägen pro Sekunde, sieben Mal rund um Ihr seitengleiches Ohr, parallel zur Form des Ohres. (Vgl. Abbildung Seite 105) Um den Abstand zum Ohr richtig zu bemessen, ertasten Sie erst einmal die fühlbare knöcherne Erhebung, die den Austritt der Ohrmuschel aus dem Schädel umgibt. Etwa einen Zentimeter von dieser Erhebung nach außen, also vom Ohr weg, verläuft die Klopflinie. Beginnen Sie mit dem Klopfen *vor* dem Ohr und führen Sie die Finger entsprechend den Punkten der Abbildung um das Ohr in Richtung der Hinterseite bis zum Warzenfortsatz, dem gerundeten Knochen unmittelbar hinter dem Ohrläppchen. Halten Sie Ihre Fingerkuppen dabei in einem Abstand von anderthalb bis zwei Zentimetern in einem Halbkreis, sodass Sie einen Bogen um das Ohr bilden. Zu Beginn der Durchführung ist Ihr kleiner Finger gesichtsseitig auf Höhe der Mitte Ihres Ohres positioniert, am Ende eines Durchganges kommt er etwa am höchsten Punkt über Ihrem Ohr zum Stillstand. Der Daumen beginnt mit dem Klopfen an der Position schräg hinter dem Ohr und kommt etwa auf dem Warzenfortsatz zum Stillstand.

Um Ihr Unbewusstes zu instruieren, was es von jetzt an bei Kombination von BSFF mit *Temporal Tap* zu tun hat, ist diese Klopfprozedur dreimal hintereinander durchzuführen. Ab dann genügt es, wenn Sie sich die Durchführung einfach vorstellen oder ein Stichwort nennen, mit dem Sie die Erinnerung daran aufrufen. Damit weisen Sie dann Ihr Unbewusstes an, tiefer zu gehen und bisher verdeckte Probleme zu behandeln. Dazu installieren Sie folgende Instruktion:

Hauptinstruktion zum Schläfenklopfen

⊚ „Von jetzt an – sobald ich sage oder denke ‚Temporal Tap' oder ‚Schläfenklopfen' oder eine andere Bezeichnung, mit der ich diese Prozedur des Schläfenklopfens verbinde, und meinen Code benutze – führst du augenblicklich automatisch die Prozedur des Temporal Tap dreimal aus. Du behandelst dann das jeweilige Problem oder Thema auch auf sämtlichen tief liegenden, meinem Bewusstsein bisher verborgenen Ebenen, die auf irgendeine Weise innerhalb meiner gesamten Existenz mit diesem Problem oder Thema in irgendeiner Verbindung stehen.

Außerdem machst du, sobald ich dich dazu auffordere, meinem Bewusstsein tiefere Ebenen des unbewussten Bereichs meiner gesamten Existenz zugänglich und / oder installierst dort die Affirmationen, zu denen ich dich dann jeweils anweise."

Nach dieser Instruktion ist es nicht mehr notwendig, das Schläfenklopfen mechanisch auszuführen, es sei denn, Sie wollen dies für Ihr subjektives Empfinden unbedingt tun. Dem Unbewussten reicht allein schon diese Instruktion, weitere manuelle Ausführungen sind nur zusätzlicher Zeitaufwand.

Grundlegende Kombinationsmöglichkeiten

In der ersten Zeit des Einbeziehens von *Temporal Tap* in den Ablauf von BSFF wurde diese Erweiterung vorrangig dann genutzt, wenn der Behandlungsprozess beendet zu sein schien, wenn er stagnierte oder wenn keine weiteren Aspekte im Bewusstsein auftauchten. Zusätzlich wurde das Unbewusste angewiesen, dem Bewusstsein bisher unbekannte Fakten klar werden zu lassen; so konnte man das Problem besser verstehen und dadurch gezielter behandeln.

Was diese Art von Anwendung betrifft, ist jedoch Folgendes zu bedenken: Eine große Stärke von BSFF liegt darin, dass damit Probleme behandelt werden können, die dem Anwender nicht bewusst sein müssen. Für die erfolgreiche Bearbeitung müssen keineswegs traumatische Umstände nochmals durchlitten oder die Ursachen des Problems verstanden werden. Anweisungen zur Bewusstmachung unbekannter Fakten sind daher nur mit Vorsicht zu geben – meist ist die direkte Instruktion zum Bearbeiten des bisher verborgenen Problems ohne dessen genaue Kenntnis wesentlich effektiver.

Larry Nims befürwortet eindeutig die Behandlung vergessener Fakten; das wird deutlich in seiner Aussage: „Behandle, was du vergessen hast, und dann behandle, was dich eben das hat vergessen lassen." Das genaue Wissen um den *Inhalt* des jeweils Vergessenen sieht er nicht als notwendig an. Auch wenn nämlich Ihr Bewusstsein keine Kenntnis von Umständen und Ursprung einer Emotion hat, so kann es diese Emotion doch ganz bewusst empfinden und zur Behandlung anweisen. Das Unbewusste kennt die Fakten und Zusammenhänge und kann daher auf Ihre Weisung hin die gesamten Umstände und die Ursachen ausgleichen. Ihre Fähigkeit, ein Problem zu spüren, reicht für die erfolgreiche Bearbeitung völlig aus; Ihr Bedürfnis nach Verstehen der Zusammenhänge kann sich dagegen negativ auswirken. Die Befriedigung Ihrer Neugier steht in keinem Verhältnis zur möglichen emotionalen Belastung und sollte daher nicht zu oft erfolgen.

Solange Sie nämlich die tatsächlichen Zusammenhänge nicht kennen, müssen Sie sich nicht bewusst mit diesen auseinandersetzen und können sich mehr auf die Erweiterung der Möglichkeiten und Ebenen der Bearbeitung konzentrieren. Ein solches Einbeziehen sämtlicher Komponenten Ihrer menschlichen Existenz in den Prozess erfolgt beispielsweise mit Anweisungen der folgenden Art:

„Gehe in die Tiefe, auf alle nur möglichen Ebenen, und behandle dort das Problem ... auf die genau dafür optimal passende Weise."

⇒ ☑**Code**

- **„Behandle alles, was die energetische Ganzheit / die Lösung des Problems ... irgendwo noch behindert."**

- **„Lass los, was für die energetische Ganzheit / Lösung nicht mehr angemessen, nicht mehr nötig oder gar schädlich ist."**

- **„Stelle auf allen Ebenen meiner Existenz alles zur Verfügung, was energetisch, stofflich oder spirituell für die Lösung des Problems ... erforderlich ist."**

Hinweis zur Textgestaltung

Das Zeichen ⦂⦂ steht ab jetzt für das Denken oder Aussprechen von „Schläfenklopfen" oder eines persönlich passenden Synonyms, anschließend ist jeweils zu codieren.

Aufgrund sehr positiver Ergebnisse bei der Anwendung der Kombination von Schläfenklopfen und Code experimentieren Larry Nims und Don Elium intensiv an weiteren, optimierten Nutzungsmöglichkeiten. Das gesamte Spektrum der möglichen Anwendungen ist zum Zeitpunkt der Erscheinens dieses Buches noch nicht Bestandteil des offiziellen Programms von BSFF und Larry Nims spricht derzeit noch von Experimentalzustand und Prüfungsphase. Trotzdem sollen Ihnen diese Neuerungen nicht vorenthalten bleiben, da sie sicherlich für die künftige Entwicklung von BSFF fundamental wichtig sein werden. Die Anwendung des Codes in Kombination mit Schläfenklopfen, auf welche Art und über welche Anweisung auch immer, macht einzelne Behandlungsschritte sowie auch den gesamten Ablauf von BSFF tiefgreifender, effizienter und letztlich auch schneller.

Doppelcodierung eines Problems

Die momentan hauptsächlich durchgeführte Experimentalvariante im Zusammenhang mit dem Schläfenklopfen ist die einer doppelten Codierung des gerade bearbeiteten Problems. Hierbei bezieht sich die erste Nennung des Codes auf die Behandlung des Problems in der bisher üblichen Weise, die zweite Nennung gibt den Anstoß für eine Behandlung auf tieferen Ebenen, unter Nutzung des Schläfenklopfens.

Diese Variante der Doppelcodierung besteht aus folgenden drei Schritten:

1. Erste Codierung – den Code für das jeweilige Problem anwenden.
   ☑Code
2. Pause machen und wieder konzentriert wahrnehmen.
3. Zweite Codierung als Abschluss einer gesprochenen oder gedachten Option wie:

„Temporal Tap! / Schläfenklopfen! / Verdeckte Probleme! / Gehe eine Ebene tiefer / Gehe tiefer! / Behandle auf tieferen Ebenen! / Behandle tiefgreifender! / Behandle in völlig verborgenen Bereichen!" ⦙⦙⦙ ⇒ ✓Code

(Hier können Sie aber auch ein anderes persönlich passendes Stichwort oder einen Satz nennen, mit dem Ihr Bewusstsein die Behandlung auf tieferen Ebenen in Kombination mit dem Schläfenklopfen verbindet.)

Nachdem Sie die Hauptinstruktion zum Schläfenklopfen ja bereits installiert haben, ist Ihr Unbewusstes nun in einer weiteren Instruktion darüber zu informieren, was es in Zukunft bei *doppelter* Nennung des Codes zu tun hat. Hierbei fügen Sie an der entsprechenden Stelle in der Instruktion (siehe unten: „nach kurzer Pause …") Ihren gewählten Hinweis gemäß den zuvor unter Punkt 3 angeführten Vorschlägen ein. Es soll sich hierbei um ein Stichwort oder einen Gedanken handeln, den Sie bewusst mit der Ausführung des Schläfenklopfens oder der Behandlung auf tieferen Ebenen verbinden. Nach der Instruktion für die Doppelcodierung markiert dieser Hinweis in Verbindung mit dem Code die Aufforderung an Ihr Unbewusstes, die Behandlung mithilfe von Temporal Tap auf tiefere Ebenen auszuweiten. Halten Sie den Text dieses Hinweises nach Möglichkeit kurz, sonst wird der Gesamtablauf der Doppelcodierung doch recht lang. Es kann sich auch nur um einen Gedankenblitz handeln, der Ihnen hilft, sich an den Klopfvorgang und die damit verbundene Reise in die Tiefen Ihres Unbewussten zu erinnern.

Instruktion für die Doppelcodierung

◎ „Wann immer ich eine BSFF-Behandlung durchführe, wirst du mit meinem ersten Denken oder Aussprechen des Codes das jeweilige Problem oder Thema wie bisher behandeln. Wenn ich daraufhin nach kurzer Pause … denke oder aussprache und meinen Code ein zweites Mal denke oder aussprache, behandelst du unter Anwendung von Temporal Tap sämtliche tief liegenden, meinem Bewusstsein bisher verborgenen Probleme, die auf irgendeine Weise innerhalb meiner gesamten Existenz mit diesem Problem oder Thema in irgendeiner Verbindung stehen."

✳ ✳ ✳

111

Ich fasse hier den gesamten Ablauf noch einmal vereinfacht zusammen. Verfahren Sie nach den beiden Instruktionen (Hauptinstruktion zum Schläfenklopfen und Instruktion zur Doppelcodierung) wie folgt:

- Das Problem ist ausreichend eingegrenzt und soll gleich behandelt werden.
- Sie codieren das Problem ein erstes Mal.
- Sie pausieren kurz, um Körper und Geist die Möglichkeit zu geben, alle Änderungen der ersten Behandlung durchzuführen und zu integrieren und sich innerlich zu sammeln.
- Sie denken oder sprechen Ihr persönliches Stichwort, das Ihr Bewusstsein auf die Anwendung von Temporal Tap lenkt. Damit verbinden Sie gleichzeitig die Erinnerung an eine Behandlung auf sehr tiefen, unbewussten Ebenen Ihrer Persönlichkeit, die jetzt gleich zu erfolgen hat.
- Sie codieren ein zweites Mal und weisen dadurch Ihr Unbewusstes an, eine weitere Behandlung auf eben diesen verborgenen Ebenen durchzuführen.
- Sie sammeln sich wieder und fahren wie üblich fort: mit einer Überprüfung des Ergebnisses.

Die derzeitige Forschung geht dahin, grundsätzlich nach *jeder* Codierung eine weitere Behandlung zum selben Thema für die versteckten Belange – also eine zweite Codierung mit Schläfenklopfen – durchzuführen, auch bei den vier Behandlungsanweisungen der Schlusssequenz.

Als Ergebnis dieser zweifachen Nutzung des Codes scheint die Anwendung des Fail-Safe-Verfahrens wesentlich weniger oft erforderlich zu sein. Die Lösung von Problemen auf tiefen Ebenen beziehungsweise die Beseitigung bisher verdeckter Aspekte oder Anteile von Problemen verringert offensichtlich das übliche menschliche Verhalten einer inneren Defensive gegen Veränderung und beseitigt zudem, noch erfolgreicher als BSFF in der Grundform, chronische Probleme.

Nach Rückmeldungen professioneller Anwender von BSFF nimmt die Notwendigkeit, das Fail-Safe-Programm durchzuführen, proportional zur Häufigkeit der Anwendung des doppelten Codierens mit Schläfenklopfen ab. Dies bedeutet selbstverständlich noch nicht, dass dieses Verfahren damit hinfällig ist oder es in absehbarer Zeit werden wird. Larry Nims und Don Elium weisen immer wieder darauf hin, dass sich diese Anwendungen erst in der Erprobungsphase befinden und noch nicht zum offiziellen und ausreichend geprüften Repertoire von BSFF gehören.

Unabhängig davon sollten Sie eigenen Forschergeist entwickeln und so oft wie möglich mit der doppelten Codierung experimentieren. Gerade wenn Sie alleine mit BSFF arbeiten und kein Gegenüber haben, das Sie auf Bereiche hinweist, die Sie unbewusst auslassen oder nicht sehen wollen, ist das Vertiefen der Anwendung notwendig. Sobald Sie einen Problemaspekt doppelt codieren, ist Ihr Unbewusstes gezwungen, auch *die* Anteile des Problems mit einzubeziehen, von denen Ihr Bewusstsein es vielleicht gerne (und vermutlich erfolgreich) ferngehalten hätte. Zusätzlich ist es ebenso gezwungen, auch auf tiefen Ebenen zu behandeln, die es sonst vielleicht ebenso gerne unberücksichtigt gelassen hätte. Sie ersetzen mit der Doppelcodierung einen emotional neutralen Kontrolleur, der die Behandlung in die wirklich kritischen Bereiche lenkt. Dies macht Sie nicht nur unabhängig von der Hilfe anderer bei der Anwendung von BSFF, sondern verstärkt die Intensität der Nutzung und damit das Erfolgsergebnis.

Letztlich bedeutet die doppelte Codierung gegenüber der einfachen Nennung des Codes nur einen minimalen zeitlichen Mehraufwand, den Sie vorerst in Kauf nehmen sollten. Es kann im Verlauf einer BSFF-Sitzung ja ohnehin vorkommen, dass eine einmalige Codierung zum Beseitigen eines Problems noch nicht ausreichend ist und Sie es daher noch intensiver bearbeiten müssen, indem Sie mehrfach codieren. So betrachtet ist die automatische Doppelcodierung nur ein geringfügiger zeitlicher Mehraufwand, der jedoch die gesamte Anwendung von BSFF wesentlich tiefgreifender, effizienter und letztlich auch schneller macht.

Es wird vielleicht die Entwicklung der Zukunft sein, die normale Behandlung und die Behandlung versteckter Probleme auf tieferen Ebenen nur mehr mit einer einmaligen Codierung gesammelt zu behandeln. Eventuell können Sie dazu jetzt schon eine spezielle Instruktion geben, die das Unbewusste anweist, beide Behandlungsdurchgänge zusammen auszuführen, aktiviert durch nur eine Codierung. Larry Nims rät jedoch, eine wirklich hundertprozentig erfolgreiche Beseitigung sämtlicher versteckten Probleme mit dieser Schnellvariante derzeit noch nicht vorauszusetzen. Wie er und Don Elium übereinstimmend festhalten, sollte dem Unbewussten erst einmal Zeit gegeben werden, sich an den zusätzlichen Arbeitsaufwand zu gewöhnen, und dazu sollte es vorerst durch die zweifache Codierung und den Hinweis auf die Ausführung des Schläfenklopfens angeregt werden.

⚠ Zusammenfassung

- Aufklären des Unbewussten über die Anwendung von Temporal Tap, indem man die Prozedur dreimal ausführt.
- Installieren der Hauptinstruktion, um das Unbewusste anzuweisen, was es von nun an in Kombination mit Schläfenklopfen zu tun hat.
- Wahl eines persönlich passenden Hinweiswortes, -satzes oder -gedankens, mit dem das Unbewusste die Behandlung auf tieferen Ebenen in Kombination mit dem Schläfenklopfen verbindet.
- Installieren der Instruktion für die Doppelcodierung.
- Anwenden der Doppelcodierung in der derzeitigen Experimentalvariante, bestehend aus drei Schritten:

  1. Erste Codierung für die Standardbehandlung des jeweiligen Problems.

  2. Pause machen und wieder konzentriert wahrnehmen.

  3. Zweite Codierung in gedanklicher oder ausgesprochener Verbindung mit Stichworten wie
     – Schläfenklopfen
     – Verdeckte Probleme
     – Gehe eine Ebene tiefer
     – Behandle auf tieferen Ebenen
     – Persönliche Parole …

- Nutzen der Doppelcodierung bei jedem Problem, das zuvor nur einfach codiert worden war, durchgehend im gesamten Prozess bis hin zu den vier Elementen der Abschlusssequenz.

Anmerkung:

Im Verlauf des Buches wird mit dem Symbol ☑Code immer nur darauf hingewiesen, dass an dieser Stelle die Codierung erfolgen sollte. Es bleibt Ihnen überlassen, sich hierbei jeweils für die Variante der Doppelcodierung ∴ ⇒ ☑Code mit Anwendung des Schläfenklopens zu entscheiden – was sehr zu empfehlen ist.

9. Die systematische Anwendung von BSFF

Problembestimmung und Zieldefinition

BSFF ist auf sehr unterschiedliche Arten nutzbar. Die Optionen reichen vom nur *einmaligen* Codieren eines gerade bemerkten unangenehmen Gefühls bis zur *intensiven* und ausführlichen Behandlung eines grundlegenden Lebensthemas. Der Ablauf des „Schnellverfahrens" wurde bereits früher im entsprechenden Kapitel dargestellt, die Bearbeitung eines *umfassenden* Problems wird hier anschließend ausgeführt.

Bevor Sie mit der eigentlichen Anwendung von BSFF beginnen, legen Sie Ihr *Problem* oder *Thema* fest und grenzen dieses möglichst genau ein, weil Sie nämlich bei sehr vage gehaltenen Problemen die Verbesserung nur schwer erkennen können. Die meisten Probleme sind Ihrem Bewusstsein ohnehin zugänglich und daher leicht zu definieren und einzugrenzen. Sie kennen die vordergründigen Emotionen und können diese direkt bearbeiten. Sämtliche damit verbundenen Aspekte, die Ihnen noch nicht bewusst sind, kommen im Verlauf des Prozesses von selbst zum Vorschein.

Manchmal äußern sich Probleme oder Themen aber nur über undefinierbare, unangenehme emotionale oder körperliche Zustände, in Form eines unspezifischen, nicht konkret fassbaren Unbehagens. Um ein solches Problem oder auch das hinter seiner Lösung liegende Ziel klar zu definieren, gehen Sie am besten folgendermaßen vor:

- Grenzen Sie den Lebensbereich ein, in dem die Unannehmlichkeit auftritt.
- Klären Sie die Anzeichen, die das Unbehagen begleiten und auf ein zugrunde liegendes Problem hinweisen.
- Fokussieren Sie bewusst auf alle mit dem jeweiligen Unbehagen in Zusammenhang stehenden Gedanken, Emotionen und Erinnerungen sowie damit verbundene Aspekte und deren Auswirkungen; sammeln Sie sämtliche auftauchenden Geistesblitze. Dies kann auch in Form einer imaginativen Reise durch den Körper erfolgen.

- Benutzen Sie die im Anhang dieses Buches abgedruckte Liste von Gefühlen und Zuständen als Hilfe für die Identifikation.
- Klären Sie mögliche Einflüsse bestimmter Personen oder Gegebenheiten auf das Auftreten des Unbehagens.
- Suchen Sie nach eventuellen Ähnlichkeiten zwischen den das Unbehagen auslösenden Personen und eigenen Familienmitgliedern.
- Ergründen Sie Zusammenhänge mit anderen Situationen, eventuell mit Gegebenheiten in Ihrer Kindheit.

Seien Sie bei der Suche nach behandlungsbedürftigen Zuständen und Emotionen nicht ungeduldig, sondern vielmehr ausdauernd und sehr gründlich. Verwerfen Sie vor allem nicht die Gedanken, die ihnen scheinbar zufällig in den Sinn kommen und auf den ersten Blick keinerlei Bezug zum jeweiligen Thema haben. Im Zuge dieses Prozesses werden Ihnen vielleicht Aspekte des Problems ins Bewusstsein kommen, die Sie bisher mit diesem in keinerlei Zusammenhang gebracht hatten. Alle diese auftauchenden Gefühle und Körperempfindungen gehören zum Problem und sind daher auch zu behandeln.

Ebenso sollten Sie jeden eventuell möglichen Problemaspekt codieren, den Sie sich auch nur irgendwie vorstellen können; zu viel ist hier besser als zu wenig. Die (irrtümliche oder überflüssige) Codierung eines Aspekts, der nicht mit dem Problem in Zusammenhang steht, hat absolut keine negativen Auswirkungen, diese spezielle Anwendung greift dann einfach nicht. Falls Sie die Zusammenhänge Ihres Problems durch Vermuten oder Erraten zu ergründen versuchen und dabei falsch liegen, so ist dies absolut ungefährlich; einziger Nachteil ist eine Verlängerung des gesamten Ablaufs.

Manchmal wird es Ihnen trotz aller Bemühungen nicht möglich sein, das eigentliche Problem klar abzugrenzen. Es verbirgt sich hinter einem unangenehmen Grundzustand, dessen Ursache einfach nicht konkret ersichtlich ist. In einem solchen Fall definieren Sie eben diesen Zustand als Problem und bearbeiten ihn. Wichtig ist hierbei vor allem, dass Sie diesen Zustand bei der Behandlung ganz bewusst emotional wahrnehmen, dass Sie sich also konzentrieren auf:

- einen negativen Gedanken oder Glaubenssatz,
- eine negative Emotion oder Haltung,
- jedes andere Gefühl, das ein Empfinden von Stress hervorruft oder die Balance stört,

- eine bildliche Vorstellung,
- eine belastende sensorische Empfindung (schlechter Geruch, störender Ton etc.),
- eine körperliche Unannehmlichkeit.

Vermutlich zeigen sich dann im Verlauf der Anwendung von BSFF konkretere Aspekte, die Sie einzeln herausgreifen und bearbeiten können. Ebenso ist es möglich, dass sich das Unbehagen auflöst, ohne dass Ihnen die grundlegenden Ursachen überhaupt klar werden.

Es ist einerseits hilfreich, wenn Sie ein Problem konkret definieren können, weil die Bearbeitung dann leichter zielgerichtet erfolgen und das Behandlungsergebnis besser festgestellt werden kann. Andererseits lässt sich bei „undefinierbaren" Problemen ein großer Vorteil von BSFF nutzen: Sie müssen für die erfolgreiche Lösung des Problems keine genaue Kenntnis von dessen vielleicht emotional sehr belastendem Ursprung oder den traumatischen Einzelheiten haben.

Als weiterer wichtiger Faktor im Vorfeld einer BSFF-Anwendung ist das *Ziel* konkret festzulegen. Sie sollten sich also überlegen, wie es nach der Lösung des Problems weitergehen soll.

Um realisiert werden zu können, muss Ihr Ziel bestimmte Elemente beinhalten. So sollte ein nützliches und realistisches Ziel all das repräsentieren, was Sie nach Beseitigung des Problems *tun* werden, es darf also keinesfalls nur in der Abwesenheit des Problems bestehen. Wir neigen alle gerne dazu, in unangenehmen Situationen oder Zuständen den Auslöser des Unbehagens ganz einfach zum Teufel jagen zu wollen. Irgendetwas oder irgendjemand soll dann „verschwinden" und alles wäre wieder gut. Nur, so läuft das eben leider nicht. Etwas Unerfreuliches ersatzlos zu beseitigen genügt meist nicht, denn Menschen brauchen ein Alternativprogramm. Die absolute Leere als Ziel ist nicht genug, daher legen Sie rechtzeitig fest, welche Aktionen Sie nach Beseitigung des Problems in Angriff nehmen werden.

Ferner muss das Ziel für Sie grundlegende Bedeutsamkeit haben und von Ihnen eigenständig, also ohne fremde Hilde zu erreichen sein. Ebenso wenig darf die Veränderung anderer Menschen die Voraussetzung für eine erfolgreiche Problemlösung sein. Nicht einmal die Effektivität von BSFF ist nämlich ausreichend dafür, den Wunsch zu erfüllen, dass sich das *Umfeld* so ändern möge, wie man selbst es in seinen Traumfantasien gerne hätte.

Als letzte Grundbedingung für ein realisierbares Ziel muss auch noch eindeutig feststellbar sein, wenn Sie es erreicht haben. Die beste und schnellste Problemlösung hat keinerlei Auswirkungen, wenn sie von Ihnen nicht als solche registriert und empfunden wird.

Vor diesem Hintergrund sollten Sie sich zum Thema Zielformulierung folgende grundsätzliche Anfangsfrage stellen:

- „Wer will ich in der bestimmten Situation … sein und was hält mich davon ab?"

Da BSFF keine Methode der Umprogrammierung ist, sondern vielmehr neue, unterschiedliche Möglichkeiten von Aktion und Reaktion eröffnet, ist oft auch folgende Frage hilfreich:

- „Wie will ich alternativ reagieren können?"

Fragen dieser Art weisen Ihnen die Richtung, die Sie bei der Bearbeitung einschlagen oder zumindest im Bewusstsein halten sollten, falls der tatsächliche Behandlungsverlauf in eine ganz andere Richtung führt. Zu Ende Ihrer Anwendungen können Sie dann einen Abgleich von Erwartungen, Ziel und tatsächlichem Ergebnis durchführen. Hierbei kann sich zeigen, dass Ihre ursprünglichen Vermutungen hinsichtlich Problem und Ziel nicht hilfreich gewesen wären und sich der Verlauf zu Recht in eine andere Richtung bewegt hat. Ebenso kann sich Ihre Einstellung nach der Behandlung so grundlegend geändert haben, dass frühere Annahmen ungültig oder unwichtig geworden sind.

Haben Sie Zweifel an der Einschätzung des Problems oder der Richtung der Bearbeitung, so können Sie auch über den Muskeltest mehr Klarheit gewinnen, und zwar mit folgenden Fragen:

- „Kenne ich das Problem?
- Ist es in meinem Interesse, das Problem zu behalten?
- Muss ich die genauen Details wissen?
- Kann ich das Problem beseitigen?
- Will ich es beseitigen?
- Wäre es für mich von Vorteil, das Problem zu behalten?"

Die jeweiligen Antworten müssen Sie nicht sofort behandeln. Nehmen Sie diese als Zusatzinformation oder als Hinweis auf unbewusste Blockaden zur Kenntnis. Oft zeigt sich an bestimmten Antworten, dass vermutlich Stopper wirksam sind oder dass im Unbewussten ein Fail-Safe abläuft, das dann vorrangig zu behandeln ist. Wie bereits erläutert, handelt es sich bei Fail-Safe um ein unbewusstes Programm, das jede

Form von Veränderung blockiert; die Beseitigung kann über das Fail-Safe-Verfahren erfolgen oder durch Codieren der Stopper.

Um hemmende Faktoren im Vorfeld der eigentlichen Problembearbeitung zu beseitigen, kann es ausreichend sein, wenn Sie statt der beiden zuletzt genannten Anwendungen eine weniger umfangreiche Vorarbeit auf unbewusster Ebene durchführen. Der im Folgenden hierzu angegebene Leitfaden ist auch ein gutes Demonstrationsbeispiel für die Bearbeitung kleinerer Widerstände gegen einen einzelnen Aspekt des gerade bearbeiteten Problems, das Sie auf beliebige ähnliche Inhalte übertragen können. In diesem Beispiel erfolgt die Darstellung mit Anwendung des Muskeltests, sie können jedoch jedes beliebige Testverfahren einsetzen oder auch einfach ohne Überprüfung codieren. In diesem Fall sollten Sie grundsätzlich davon ausgehen, dass bei jedem Prüfsatz und jeder Anweisung Behandlungsbedarf besteht. Damit Sie ohne Überprüfung sicher sein können, dass das Problem auch tatsächlich beseitigt wurde, sollten Sie jeweils mehrfach codieren.

Falls Sie Fragestellungen, die auf eindeutige Beantwortung mit Ja oder Nein ausgerichtet sind, über Skalierung klären wollen, bedenken Sie bitte, dass nur die beiden Endwerte einer Skala, also 0 und 10, einem Ja oder Nein entsprechen (je nachdem, wie Sie dies für sich festgelegt haben). Alle anderen Skalenwerte bedeuten Unentschiedenheit und lassen keinen eindeutigen Schluss zu. In einem solchen Fall sollten Sie daher lieber intuitiv abwägen oder besser ein anderes Prüfverfahren benutzen.

Leitfaden zur Problembestimmung und Zieldefinition

Beginnen Sie mit der grundsätzlichen Fragestellung, ob überhaupt ein Störfaktor die Lösung Ihres Problems verhindert:

! Test „Es gibt noch mindestens ein anderes Problem, das gelöst werden muss, bevor ich mein Problem ... überwinden kann."

Bei einem starken Muskel ist tatsächlich noch mindestens ein solches Problem gegeben. Testen Sie daher die Anzahl der Probleme sowie Ihre Bereitschaft, diese gemeinsam zu lösen. Ist das laut Testergebnis noch nicht möglich, müssen Sie erst noch die diesbezüglichen Widerstände beseitigen, beispielsweise mit folgender Anweisung:

! „Behandle alles, was verhindert, dass ich alle Probleme, die gelöst werden müssen, bevor ich mein Problem ... überwinden kann, mit einer Runde BSFF lösen kann." **Code**

Anschließend überprüfen Sie das Ergebnis und codieren bei Notwendigkeit weiter, bis der Arm stark wird:

! Test „Ich kann alle Probleme, die gelöst werden müssen, bevor ich mein Problem ... überwinden kann, mit einer Anwendung von BSFF lösen." **Test -** ⇒ **Code**

Anschließend wenden Sie sich wieder dem Ausgangsproblem zu und beseitigen die eigentlichen Widerstände gegen die Problemlösung mit Sätzen wie den folgenden:

! „Behandle gesammelt sämtliche Probleme, die mich davon abhalten, mein Problem ... zu überwinden." **Code**

Oder:

„Behandle, was verhindern kann, dass ..."

Überprüfen Sie anschließend das Ergebnis:

! Test „Der Lösung meines Problems ... steht jetzt nichts mehr im Wege."

Bei negativem Ergebnis können Sie entweder den Testsatz so lange codieren, bis das Ergebnis positiv wird, oder Sie behandeln mit Alternativen weiter wie mit dem folgenden globalen Behandlungssatz:

! „Behandle das, was meinen Arm gerade schwach werden ließ." **Code**

Oder:

„Behandle, was meinen Organismus schwächt, wenn ich an ... denke."

BESEITIGEN VON WIDERSTÄNDEN (KURZFASSUNG)

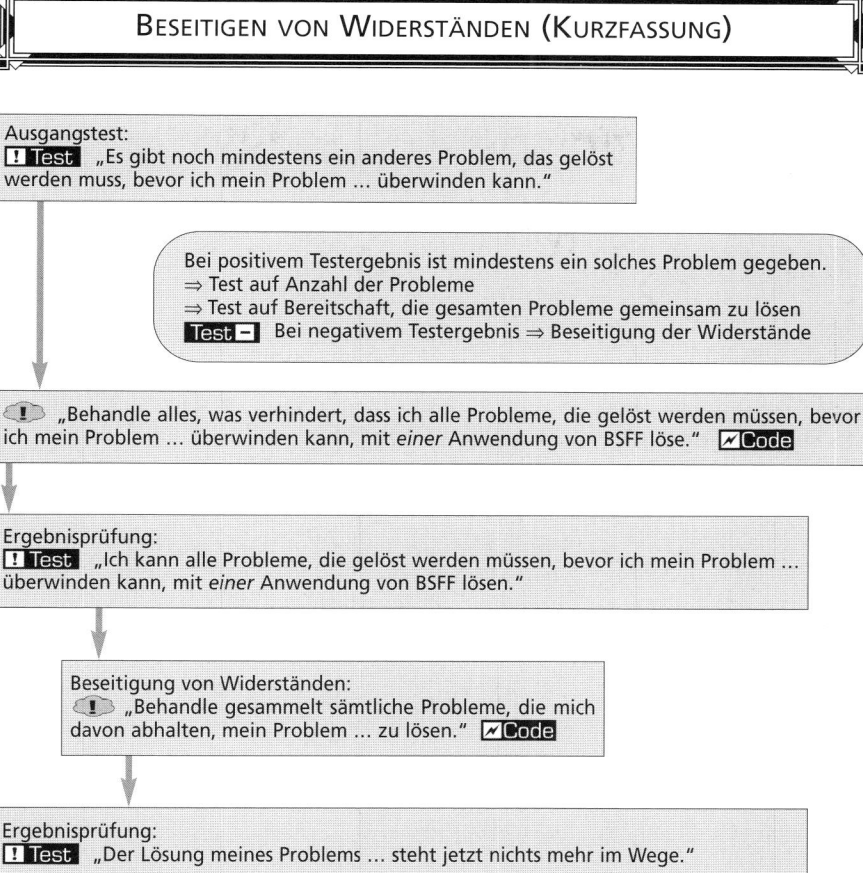

Ausgangstest:
! Test „Es gibt noch mindestens ein anderes Problem, das gelöst werden muss, bevor ich mein Problem … überwinden kann."

Bei positivem Testergebnis ist mindestens ein solches Problem gegeben.
⇒ Test auf Anzahl der Probleme
⇒ Test auf Bereitschaft, die gesamten Probleme gemeinsam zu lösen
Test − Bei negativem Testergebnis ⇒ Beseitigung der Widerstände

! „Behandle alles, was verhindert, dass ich alle Probleme, die gelöst werden müssen, bevor ich mein Problem … überwinden kann, mit *einer* Anwendung von BSFF löse." **✓ Code**

Ergebnisprüfung:
! Test „Ich kann alle Probleme, die gelöst werden müssen, bevor ich mein Problem … überwinden kann, mit *einer* Anwendung von BSFF lösen."

Beseitigung von Widerständen:
! „Behandle gesammelt sämtliche Probleme, die mich davon abhalten, mein Problem … zu lösen." **✓ Code**

Ergebnisprüfung:
! Test „Der Lösung meines Problems … steht jetzt nichts mehr im Wege."

Bei Notwendigkeit weiter codieren bis zum positiven Ergebnis, eventuell alternativ auch mit einem pauschalen Behandlungssatz.

! „Behandle, was meinen Arm gerade schwach werden ließ." **✓ Code**
„Behandle, was meinen Organismus schwächt, wenn ich an … denke."

Dieses Schaubild darf für den privaten Gebrauch kopiert (vergrößert) werden.

121

Eine derart genaue Überprüfung stellt einerseits sicher, dass Sie sich dem Problem, das Sie zu lösen beabsichtigen, absolut ungestört widmen können. Andererseits wird durch eine solche Abklärung auch offensichtlich, wenn das Ziel der Bearbeitung nicht richtig gewählt ist. Sollte nämlich ein anderes Thema aus dem Kontext des Problems Ihrer Wahl wichtiger und damit vorrangig zu lösen sein, so wird der hier dargestellte Test dies deutlich machen. In den meisten Fällen wird die vorsorgliche Beseitigung eventueller Blockaden jedoch wirklich nur diesem Zweck dienen und die anschließende Bearbeitung des gewählten Themas erleichtern. (Das Ablaufdiagramm auf Seite 121 fasst die wichtigsten Stationen der *vorsorglichen* Beseitigung von Widerständen gegen die Lösung eines Problems nochmals zusammen.)

Sämtliche bisher geschilderten *Optionen* zur Definition von Problem und Ziel sowie zur Richtung der Problemlösung sind *nützliche* und vertiefende Vorarbeiten zur eigentlichen Problembearbeitung mit BSFF. Die einzig *unumgängliche* Voraussetzung für die Bearbeitung eines Problems ist jedoch die innere Bereitschaft zur Lösung. Daher ist es notwendig, dass Sie vor Beginn der Arbeit sicherstellen, dass Sie auch wirklich willens und entschlossen sind, sich dem Problem zu stellen, es zu bearbeiten und zu lösen.

Bedenken Sie hierbei bitte Folgendes: Natürlich gibt es die hier schon oft angesprochene innerliche und *unbewusste* Abwehr gegen die Veränderung alter Handlungsprogramme und Emotionsmuster. Wenn Sie jedoch auch von Ihrem *Bewusstsein* her eigentlich noch nicht bereit sind, eine Änderung vorzunehmen, so kann die Durchführung von BSFF nichts bewirken! Gegen *zwei* starke „Gegner", die sich verbündet haben, kommt auch die beste Methode nicht an. Prüfen Sie daher absolut ehrlich und sehr genau, ob Sie wirklich bereit und willens sind, ein Thema anzugehen und Ihre Verhaltensweisen und Emotionen zu verändern.

Ist dies der Fall, müssen Sie das Problem nur mehr bewusst wahrnehmen, eventuell über den Muskeltest als tatsächliches Problem bestätigen oder über eine Skala einschätzen, um es anschließend zu behandeln.

Annäherung an das Problem

Sobald Sie das Problem bewusst wahrgenommen haben, denken, flüstern, sprechen, singen, oder visualisieren Sie Ihren Code oder führen ihn auf sonstige Weise aus, damit Ihr Unbewusstes den „Behandlungsprozess" startet. Beachten Sie dabei bitte Folgendes: Da Probleme sehr oft Mischungen aus vielen verschiedenen mentalen, emotionalen, körperlichen und spirituellen Aspekten sind, sollten Sie alle erdenklichen Aspekte des Problems mit einbeziehen. Es gibt generell drei große Bereiche, die Sie gedanklich erfassen sollten, um sie dann Ihrem Unbewussten über den Code zur Bearbeitung zuzuweisen:

- sämtliche Empfindungen beim *gezielten* Denken an das Problem in Vergangenheit, Gegenwart und Zukunft,
- sämtliche durch das Problem *automatisch* ausgelösten körperlichen und emotionalen Sensationen, also all das, was in Körper und Geist aktiviert wird, weil das Problem auf unbewusster Ebene „arbeitet",
- sämtliche durch die Beschäftigung mit dem Problem aufsteigenden negativen Erinnerungen, Gedanken, Glaubenssätze, Verhaltensweisen, Einstellungen, Empfindungen und Vorstellungen.

Dies ist das Spektrum, innerhalb dessen Sie mit der Bearbeitung eines Problems ansetzen sollten. Als weitere grobe Richtlinie für die Anwendung von BSFF ist für Sie von Wichtigkeit, dass Sie sich einem Thema oder Problem immer von außen nach innen nähern. Dies bedeutet, dass Sie zuerst allgemeine Aspekte zum Gesamtbild des Problems bearbeiten und es dann immer mehr einkreisen, indem Sie sich vertiefend den Einzelheiten widmen.

Eine weitere Notwendigkeit ist die, dass Sie, sobald die Arbeit stagniert, zunächst die *Widerstände* beseitigen müssen, und zwar mithilfe des Fail-Safe-Verfahrens oder über das Codieren der Stopper.

Soweit ein erster Überblick zum generellen Vorgehen bei BSFF; die Feinheiten werden im Folgenden noch genau ausgeführt. Kurz gefasst gibt es die folgenden wichtigen Aspekte der BSFF-Anwendung:

- der gedankliche Rahmen des Problems:
  – Empfindungen beim Denken an das Problem in Vergangenheit, Gegenwart und Zukunft,
  – unbewusste körperliche und emotionale Auswirkungen des Problems,

- durch das Problem bedingte Erinnerungen, Gedanken, Glaubenssätze, Verhaltensweisen, Einstellungen, Empfindungen und Vorstellungen
- die Annäherung an das Problem $\Rightarrow$ Codierung der Aspekte von generell zu konkret,
- die Beseitigung von Widerständen bei Stagnation (vor Weiterführung der eigentlichen Anwendung).

Behalten Sie diese Leitlinien im Auge, wenn Sie BSFF außerhalb des anschließend dargestellten festen Ablaufschemas anwenden, wie dies der Fall sein wird, sobald die einen Nebenaspekt des Problems bearbeiten. Der feste Ablauf ist die allgemeine Struktur, an der sich eine BSFF-Anwendung orientieren sollte, wenn es um umfassende Probleme geht. Im Bereich der Bearbeitung *spezieller* Teilbereiche oder Aspekte des Problems halten Sie sich dann an die oben genannten Leitlinien.

Um dies an einem Beispiel zu erläutern: Stellen Sie sich vor, Sie wollten das Problem Ihrer Redeangst vor Publikum beseitigen. In Bezug auf das Gesamtproblem halten Sie sich an den *weiter unten* dargestellten Ablauf. Wenn es dann darum geht, Teilaspekte zu bearbeiten (wie etwa Ihre erhöhte Herzfrequenz, schwitzende Hände, Ihre Erinnerung an die traumatische Blamage bei einer Ansprache vor zwei Jahren oder die Angst vor der in zwei Wochen stattfindenden Konferenz, bei der Sie eine Rede halten müssen), dann haben Sie folgende Möglichkeiten: Entweder Sie behandeln diesen Teilaspekt des Gesamtproblems wie ein neues Thema und halten sich wieder an das allgemeine Ablaufschema oder Sie codieren ganz generell alle Aspekte, die Ihnen zum jeweiligen Begleitproblem einfallen, wobei Sie sich an die hier oben dargestellten Leitlinien halten.

Was Ihnen momentan vielleicht noch recht verwirrend erscheinen mag, wird bei einiger Übung zum routinemäßigen Vorgehen werden. Sie werden dann Ihren ganz persönlichen Stil in der Anwendung von BSFF entwickeln; wichtig ist nur, dass Sie sich generell an den wichtigsten vorgegebenen Elementen orientieren. Diesbezüglich hat Larry Nims den nachfolgenden standardisierten Ablauf entwickelt.

Der Ablauf der Problembearbeitung

Fokussierung auf das Problem

Bevor Sie mit der Anwendung von BSFF beginnen, wählen Sie erst ein Problem aus (gemäß den weiter oben im Absatz „Problembestimmung und Zieldefinition" angeführten Kriterien) und fokussieren Ihre Aufmerksamkeit auf dieses Thema. Je nach gewähltem Testverfahren sollten Sie erst einmal entweder über den Muskeltest prüfen, ob das gewählte Thema tatsächlich ein massives Problem darstellt, oder die Belastung auf einer Skala einschätzen. Natürlich können Sie auch jede andere, für Sie persönlich passende Methode wählen, um festzustellen, ob das Problem eine tatsächliche Belastung darstellt und wie groß diese ist. An dieser Stelle ist es außerdem notwendig, dass Sie Ihre entschiedene innere Bereitschaft zur Lösung des Problems deutlich machen.

Basisbehandlung mit den Pauschalanweisungen

Im nächsten Schritt sind grundsätzlich *alle* Gedanken, Gefühle, Emotionen, Erinnerungen, Vorstellungen, Verhaltensweisen, Glaubenssätze und Haltungen zu behandeln, die direkt mit dem Problem in Beziehung stehen, im Umfeld des Problems existieren oder sich als Folge des Problems ergeben. Codieren Sie also in einem Zug sämtliche Aspekte, die Sie jemals wahrgenommen haben, und zwar …

1. um das Thema oder Hauptproblem herum oder in Richtung auf dieses sowie

2. als Ergebnis desselben.

Aus diesen wichtigsten Ansatzpunkten im Kontext eines Problems ergeben sich zwei generelle Behandlungsanweisungen, mit denen die meisten Problemaspekte behandelbar sind, die Personen, Ereignisse, Traumata, Erfahrungen, Situationen oder Umstände im Kontext des Problems betreffen. Wenn also bei einem Problem *kein Fail-Safe* vorliegt (das dann natürlich zuerst zu behandeln wäre), eignen sich die beiden nachfolgend formulierten Pauschalanweisungen (*Global Statements*) besonders gut für den Einstieg in die Bearbeitung eines Problems. Diese beiden umfassenden Anweisungen lauten:

Zu 1.:

☁ „Behandle jeden Gedanken, jedes Gefühl, jede Emotion, jedes Verhalten, jede Überzeugung, Haltung oder Einstellung, jede Vorstellung und jedes andere Problem, die mir jemals in meinem Leben um mein Problem ... herum oder in Richtung auf mein Problem ... direkt oder indirekt irgendeine Form von Unbehagen, Stress, Angst, Wut, Unausgeglichenheit, negativer Beschränkung oder sonstigen Schwierigkeiten in mentaler, emotionaler, psychischer und körperlicher Hinsicht verursacht haben." ☑Code

Zu 2.:

☁ „Behandle jeden Gedanken, jedes Gefühl, jede Emotion, jedes Verhalten, jede Überzeugung, Haltung oder Einstellung, jede Vorstellung und jedes andere Problem, die mir jemals in meinem Leben als Ergebnis meines Problems ... direkt oder indirekt irgendeine Form von Unbehagen, Stress, Angst, Wut, Unausgeglichenheit, negativer Beschränkung oder sonstigen Schwierigkeiten in mentaler, emotionaler, psychischer und körperlicher Hinsicht verursacht haben." ☑Code

Nach der Anwendung dieser beiden Sätze prüfen Sie bitte, ob noch offene Aspekte existieren, die einer zusätzlichen Nachbehandlung bedürfen:

❗Test „Es gibt noch eine Form von Unbehagen, Stress, Angst, Wut, Unausgeglichenheit, negativer Beschränkung oder sonstigen Schwierigkeiten um das Problem ... herum oder in Richtung auf das Problem ..." Test❑ ⇒ ☑Code

Und:

• „Es gibt noch eine Form von Unbehagen, Stress, Angst, Wut, Unausgeglichenheit, negativer Beschränkung oder sonstigen Schwierigkeiten als Ergebnis von Problem ..."

Speziell beim ersten Satz mit seiner Ausrichtung auf Aspekte „um das Problem herum oder in Richtung auf das Problem" zeigen sich sehr oft Widerstände. Beseitigen Sie diese dann erst mithilfe des Fail-Safe-Programms oder über Codierung einzelner Stopper-Sätze, bevor Sie die eigentliche Behandlung des Problems fortsetzen. (Siehe hierzu weiter unten den Abschnitt „Beseitigung von Widerständen"!)

Grundsätzlich beseitigen die beiden Pauschalanweisungen einen großen Teil der Problemaspekte oder lösen das Problem bereits zur

Gänze. Manchmal werden Sie es jedoch vielleicht vorziehen, ein Problem oder Thema nicht derart allgemein anzugehen, sondern sämtliche Aspekte einzeln ins Bewusstsein zu bringen und entsprechend zu bearbeiten. Selbst wenn die erfolgreiche Bearbeitung eines Problems über nur einmalige Codierung der beiden Pauschalanweisungen erfolgen könnte, akzeptiert unser Bewusstsein oft eine einfache, schnelle Lösung nicht so richtig. Wenn Sie daher das Bedürfnis haben, ein Problem wirklich sorgfältig und gründlich zu bearbeiten, so tun Sie dies auch! Vielleicht haben Sie auch den Wunsch, ganz gezielt und ausführlich verborgene Auslöser oder bisher unbekannte Zusammenhänge zu bearbeiten; auch dies sollten Sie dann unbedingt durchführen.

Speziell im deutschsprachigen Raum hat eine schnelle und einfache Lösung, die mit nur minimalem eigenem Beitrag erreichbar ist, vielfach keinen großen Wert oder wird unbewusst nicht geglaubt: Die Lösung eines Problems, das einen so lange und so unerbittlich gequält hat, muss doch „schwierig" und „hart erarbeitet" sein, sonst kann sie nicht wirklich taugen … Falls dies auch für Sie zutrifft, versuchen Sie eine der Behandlungsvarianten zur *Akzeptanz leichter Problemlösungen*:

[! Test] „Ich akzeptiere eine einfache und schnelle Lösung von Problemen / meines Problems …, auch wenn ich sehr lange und schwer unter ihnen / darunter gelitten habe." **Test –** ⇒ **Code**

- „Ich vertraue darauf, dass mein Unbewusstes ein Problem / mein Problem … auf leichte und schnelle Art für mich lösen kann, ohne dass ich bewusst viel dazu beitrage oder bei der Lösung nochmals leiden muss."

- „Ich erlaube mir zu glauben, dass auch schwierige Probleme leicht und schnell mit BSFF gelöst werden können – gänzlich und auf Dauer und auch dann, wenn ich lange und schwer unter ihnen gelitten habe und bei der Behandlung mit BSFF vergleichsweise wenig bewusst zu ihrer Lösung beitrage."

Auch wenn Sie dieses Grundproblem der Akzeptanz leichter Veränderung erfolgreich bearbeiten, kann es immer noch befriedigend für Sie sein, sich mit dem jeweiligen Thema ausführlich auseinanderzusetzen. Eine solche Beschäftigung stellt dann für Sie einen zusätzlichen heilsamen Faktor dar, der nicht ungenutzt bleiben sollte. Wenn es für Sie also ein Bedürfnis ist, sich gezielt und gründlich mit einem Problem oder Thema auseinanderzusetzen, dann sollten Sie auch wirklich möglichst viele einzelne Aspekte finden und bearbeiten.

Bearbeitung von Einzelaspekten

Um Einzelheiten bewusst zu machen und danach passende Behandlungsanweisungen formulieren zu können, sind die folgenden Fragestellungen hilfreich:

- Wie fühle ich mich / was empfinde ich, wenn ich an mein Problem denke?
- Was löst dieses Problem in mir aus?
- Wenn es noch einen anderen emotionalen Auslöser für das Problem gäbe, welcher wäre das?
- Unter welchen Umständen tritt das Problem auf?
- Aufgrund welcher Handlung von mir oder von mir nahe stehenden Menschen tritt das Problem auf?
- Was bedeutet das Problem für mich?
- Welche Glaubenssätze sind als Folge des Problems entstanden?
- Woran erinnert mich das Problem?
- Was ist das erste / letzte / schlimmste Erlebnis im Zusammenhang mit dem Problem?
- Was fällt mir spontan ein, wenn ich an das Problem denke?
- Was spüre ich in meinem Körper, wenn ich mich mit dem Problem beschäftige?
- Welche Form von Aussage passt zu meinem Problem oder verstärkt mein Empfinden desselben? (Ergänzen Sie die folgenden Sätze mit Wörtern aus der Liste von Gefühlen und Zuständen im Anhang 1!)
  – Ich bin ... (beispielsweise: irritiert, traurig, ängstlich, schuldig, erschreckt ... bezüglich des Problems ... / weil ich das Problem ... habe).
  – Ich bin voller ...
  – Ich fühle mich ...
  – Ich empfinde / spüre ...
  – Ich habe ...
- Welches Ereignis im Umfeld des Problems würde ich gerne aus meinem Leben streichen?
- Welche Situation in der Zukunft könnte das Problem wieder auslösen?

Bei der Suche nach behandlungsbedürftigen Aspekten des Problems hilft Ihnen vielleicht auch die Suche nach Geistesblitzen, bei der Sie Sätze in der Ich-Form weiterführen, während Sie sich emotional und körperlich in den Kontext des Problems hineinversetzen:

- Ich glaube nicht, dass …
- Ich habe Angst, dass ….
- Ich mag nicht …
- Ich verabscheue …
- Ich denke / vermute, dass …

Welche Einzelheiten Sie auch immer im Verlauf Ihrer Suche zutage fördern – codieren Sie diese entweder einzeln oder zusammengefasst und überprüfen Sie das Behandlungsergebnis anschließend mithilfe der Skalierung, des Muskeltests oder eventueller anderer, selbst gewählter Methoden.

Bearbeitung typischer Selbstverurteilungen

Es gibt bestimmte Gedanken, Gefühle, Vorstellungen, Verhaltensweisen, Glaubenssätze und Haltungen hinsichtlich eines Problems oder um dieses herum, die für die menschliche Art des Denkens typisch und extrem häufig anzutreffen sind. (Vgl. dazu das Kapitel über die Arbeit mit Kernproblemen!) In diesem Fall quälen Sie sich selbst mit Verurteilungen Ihrer Person, mit Negativität und mit Limitierungen, die Sie aus Ihrem mentalen, emotionalen physischen oder spirituellen Gleichgewicht bringen. Ein solches selbstschädigendes Verhalten äußert sich meist über die folgenden, vielfach unbewussten Annahmen (die dann bei Überprüfung mit dem Muskeltest stark testen):

! Test „Ich bin wütend auf mich, weil ich das Problem ... habe."

- „Ich werde mir niemals verzeihen, dass ich dieses Problem habe."
- „Ich verurteile mich, weil ich das Problem ... habe / nicht lösen kann."
- „Ich kritisiere mich, weil ich das Problem ... habe."
- „Ich halte mich für einen schlechten Menschen, weil ich das Problem ... habe."
- „Ich empfinde mich als unzulänglich, weil ich das Problem ... habe."
- „Ich bin frustriert über mich, weil ich das Problem ... habe."
- „Ich denke, dass ich ein wenig verrückt bin, weil ich das Problem ... habe."
- „Ich bin traurig / hoffnungslos, weil ich das Problem ... habe."
- „Ich fühle mich schuldig, weil ich das Problem ... habe."
- „Ich beschuldige mich verbal aufgrund des Problems ..."
- „Ich schäme mich, weil ich das Problem ... habe."
- „Ich halte mich für dumm, weil ich das Problem ... habe."
- „Ich halte mich für noch dümmer, weil ich es nicht lösen kann."
- „Ich bin angeekelt davon, dass es das Problem ... in meinem Leben gibt."
- „Ich habe Angst / befürchte, das Problem ... nicht lösen zu können."
- „Ich bin erschreckt von dem Gedanken, dass ich das Problem ... habe."

Verurteilen Sie sich nach diesem Test bitte nicht auch noch dafür, dass Sie tatsächlich so empfinden, denn wie schon gesagt: Sie sind damit nicht allein! Außerdem haben Sie ja die Möglichkeit, solche negativen Grundannahmen mit BSFF sehr schnell zu beseitigen. Sie müssen dazu nur sämtliche bei der Überprüfung bestätigten (im Fall der Verwendung des Muskeltests: schwach testenden) Aussagen entweder gesammelt oder einzeln mit dem Code behandeln.

Um absolut sicherzugehen, können Sie in einem zweiten, vertiefenden Durchgang alle Aussagen mit dem Zusatz *extrem, zutiefst, aufs Schärfste* oder einer anderen passenden, verschärfenden Formulierung versehen und nochmals testen. Oft ist nämlich Ihre emotionale Belastung durch eine *einfache* Formulierung noch nicht entsprechend abgedeckt. Behandeln Sie daher bei Bedarf einfach nochmals – und bitte wiederum ohne weitere Selbstbeschimpfung!

!Test „Ich bin *extrem* wütend auf mich, weil ich das Problem … habe." **Test –** ⇒ **✓Code**

- „Ich lehne mich *zutiefst* ab aufgrund des Problems …"

- „Ich verurteile mich *aufs Schärfste,* weil ich das Problem … habe."

- „Ich werde mir *absolut niemals* und *auf keinen Fall* verzeihen, dass ich dieses Problem habe."

Abschließend können Sie sämtliche eventuell noch bestehenden, restlichen Selbstverurteilungen mit einem Behandlungssatz wie dem folgenden beseitigen:

! „Behandle *alles* im Umfeld meines Problems … oder als Folge desselben, was direkt oder indirekt irgendeine Form von Ablehnung, Herabsetzung oder Verurteilung meiner Person, Kritik an mir oder Wut auf mich enthält." **✓Code**

Prüfen Sie danach den Erfolg der Behandlung noch folgendermaßen:

!Test „Es besteht keine wie immer geartete Form von Ablehnung mehr." **Test –** ⇒ **✓Code**

Beseitigen von Widerständen

Sollte die laufende Behandlung sich plötzlich nicht mehr als effektiv erweisen oder sogar an einer bestimmten Stelle stagnieren, liegt vermutlich ein Fail-Safe vor. In diesem Fall ist das Fail-Safe-Verfahren anzuwenden, ergänzend können auch die „Stopper-Sätze" einzeln überprüft und bei Bedarf behandelt werden.

Innere Widerstände zeigen sich oft nicht erst im Verlauf der Behandlung, sondern behindern jede Form der Problemlösung von Beginn an. Besonders bei umfassenden Lebensthemen oder chronischen, psychisch bedingten Problemen blockieren unbewusste Programmierungen jede Form einer Veränderung der Sicht- oder Handlungsweise. Wenn solche „großen" Probleme leicht lösbar wären, hätten Sie das ja schließlich schon längst geschafft, denn Ihr Wille dazu war sicher immer schon gegeben. Dass es bisher trotzdem noch nicht funktioniert hat, liegt oft an unbewusster Ablehnung von Veränderung, die Sie mithilfe von BSFF nun endlich beseitigen können.

Wenn Sie umfassende Themen gezielt bearbeiten wollen, kann es also hilfreich und zeitsparend sein, von vornherein davon auszugehen, dass Blockaden bestehen, die Sie vor der eigentlichen Behandlung auflösen müssen. Hierbei gehen Sie folgendermaßen vor:

Prüfen Sie die ersten beiden Fail-Safe-Sätze (vorrangig Satz Nr. 2). Wenn Sie hierbei den Muskeltest benutzen, verweist ein schwacher Muskel darauf, dass Widerstände vorliegen.

[! Test] 1. „Ich möchte von diesem Problem befreit sein."

[! Test] 2. „Ich bin bereit, von diesem Problem befreit zu sein."

Natürlich kann ein Fail-Safe auch dann noch vorliegen, wenn diese beiden Sätze stark testen; in den meisten Fällen liefert eine solche Eingangsprüfung jedoch schon einen eindeutigen Hinweis. Sollte dies nicht der Fall sein, testen Sie die Fail-Safe-Sätze der Reihe nach durch und codieren diese bei Bedarf oder überprüfen Sie die Stopper-Sätze und verfahren in gleicher Weise.

Wenn Sie BSFF *ohne* ein Prüfsystem wie beispielsweise den Muskeltest durchführen, eignen sich die Stopper besonders gut dazu, innere Blockaden deutlich zu machen. Meist können Sie *intuitiv* spüren, welche Sätze Ihnen Unbehagen bereiten und damit auf innere Abwehr hinweisen. Genau diese Sätze sollten Sie dann gründlich codieren, bis die letzten Reste von fehlender Zustimmung zu deren Inhalt verschwunden sind. Behandeln Sie also sämtliche Sätze so lange, bis sich ein Gefühl von Akzeptanz einstellt.

Bei Überprüfung durch den Muskeltest testen Sie die einzelnen Stopper-Sätze und codieren bei Bedarf, bis der Muskel stark testet.

☁ „Ich habe Angst, dass die Behandlungen bei mir nicht funktionieren werden." ☑Code

- „Ich habe Angst, dass die Behandlungserfolge nicht dauerhaft anhalten."
- „Ich bezweifle, dass die Behandlungen bei mir funktionieren werden."
- „Ich bezweifle, dass die Behandlungserfolge dauerhaft anhalten."
- „Ich traue mir nicht zu, effektiv mit dieser neuen und ungewohnten Methode zu arbeiten."
- „Ich bezweifle, dass ich diese neue Methode effektiv anwende."
- „Ich bezweifle, dass ich die positiven Veränderungen in meinem Leben umsetzen kann."
- „Ich bin anfällig und empfänglich dafür, eines oder mehrere der behandelten Probleme wieder anzunehmen."
- „Ich habe noch eines oder mehrere andere Probleme, die mich direkt oder indirekt wieder davon abbringen könnten, meinen Behandlungserfolg dauerhaft zu bewahren."

Derselbe Ablauf ist mit den Sätzen des Fail-Safe-Verfahrens durchzuführen:

1. ☁ „Ich möchte von diesem Problem / von ... befreit sein." ☑Code
2. „Ich bin bereit, von diesem Problem / von ... befreit zu sein."
3. „Ich bin bereit, von jetzt an von diesem Problem / von ... befreit zu sein."
4. „Ich erlaube mir, von jetzt an von diesem Problem / von ... befreit zu sein."
5. „Es ist hundertprozentig in Ordnung für mich, von jetzt an komplett von diesem Problem / von ... befreit zu sein."
6. „Ich verdiene es, dauerhaft von diesem Problem / von ... befreit zu sein."
7. „Ich bin bereit, all den positiven Nutzen zu empfangen, den es mit sich bringt, von diesem Problem / von ... frei zu sein."

8. „Ich werde alles Notwendige tun, um sicherzustellen, dass ich von jetzt an von diesem Problem / von … befreit bin und es auch bleibe.“

9. „Es gibt noch ein oder mehrere Probleme, die mich dazu bringen können, dass ich das vorliegende Problem / … behalte oder es wieder annehme.“

10. „Es gibt noch irgendetwas in mir, was mich dazu bringen kann, dieses Problem / … zu behalten oder wieder anzunehmen.“

11. „Ich bin immer noch anfällig und empfänglich dafür, dieses Problem / … irgendwann wieder anzunehmen.“

Vergessen Sie bitte auf keinen Fall Folgendes: Unabhängig davon, wann Sie im Ablauf einer „Behandlung“ auf innere Widerstände treffen – nach deren Beseitigung muss die eigentliche Arbeit wieder neu gestartet werden, da dieses Verfahren hier ausschließlich der Beseitigung von *Widerständen* gegen die Lösung und nicht der Lösung des Problems selbst dient.

Intuitives Behandeln situationsbezogener Widerstände

Auch wenn die Überprüfung eines Fail-Safe-Satzes zuerst vielleicht ein überraschendes Ergebnis bringt, so wird Ihnen intuitiv meist schnell klar, welche unbewussten Widerstände das Testresultat bewirkt haben könnten. Meist sind dies grundlegende Ängste, schädigende Glaubenssätze oder wenig hilfreiche Lebensstrategien. Sie sollten diese Faktoren dann ganz gezielt und angepasst an die jeweiligen Umstände behandeln.

Am einfachsten ist es, wenn Sie von den allgemein gehaltenen Fail-Safe-Sätzen ausgehen und intuitiv weiter ermitteln, um welche Art von Blockade es sich im konkreten Fall handeln könnte, welcher Auslöser also für den Widerstand gegen Veränderung verantwortlich ist. Ihre Vermutungen sind wie folgt zu überprüfen und gegebenenfalls zu behandeln:

Grundlegende Ängste
! Test „Ich möchte das Problem … nicht aufgeben ….“ **Test −**

(Beachten Sie bitte: Bei dieser und den nachfolgenden Testfragen weisen ein *starker* Muskel oder ein Ja als Ergebnis eines alternativen Tests auf Bearbeitungsbedarf hin.)

Sollte der Test dieses ersten Satzes eine Bestätigung ergeben, so ist vermutlich ein Glaubenssatz aktiv, der das problematische Verhalten als lebenserhaltend vorschreibt. Prüfen Sie daher auch den folgenden Anhang:

„… weil ich glaube, dass ich nur dadurch überleben kann." **Test −**

(Beachten Sie bitte: Bei dieser und den nachfolgenden Testfragen weisen ein *starker* Muskel oder ein Ja als Ergebnis eines alternativen Tests auf Bearbeitungsbedarf hin.)

Zusätzlich können Sie das Thema Angst in Ihrem Prüfsatz auch direkt ansprechen:

„Ich habe Angst, das Problem … aufzugeben."

Nach Bestätigung der zugrunde liegenden Angst behandeln Sie den Testsatz entweder direkt oder gezielt über einen Behandlungssatz:

☁ „Behandle meine Angst, das Problem … aufzugeben." **Code**

Anschließend codieren Sie alle dann hochkommenden Emotionen oder körperlichen Empfindungen:

☁ „Ich habe Angst vor …" **Code**

• „Ich fühle mich …"

• „Ich spüre in meinem Körper …"

Sobald Sie sämtliche Emotionen und körperlichen Empfindungen behandelt haben, die irgendwie mit der grundlegenden Angst in Verbindung stehen, schließen Sie mit dem folgenden generellen Satz ab:

☁ „Behandle jeden noch irgendwo bestehenden Gedanken, jedes Gefühl, jede Vorstellung und jedes andere Problem, die in irgendeiner Weise einen Beitrag leisten zu einem Aspekt meiner Angst, das Problem … aufzugeben." **Code**

Anschließend überprüfen Sie das Ergebnis und codieren bei Notwendigkeit noch bis zur endgültigen Beseitigung des Problems weiter, zur Sicherheit auch über den Gegentest:

! Test „Ich habe immer noch Angst, das Problem aufzugeben." **Test −** ⇒ **Code**

Gegentest:

„Meine Angst, das Problem aufzugeben, ist beseitigt / ist vollständig beseitigt."

Schädigende Lebensstrategien / Glaubenssätze

❗ Test „Ich möchte das Problem ... nicht aufgeben ..."

Ergibt der Test dieses Satzes eine Bestätigung, so ist ein Glaubenssatz aktiv, der sich negativ auf Ihre Lebensführung auswirkt. Forschen Sie daher nach einer solchen schädlichen Strategie und testen Sie Ihre Vermutung wie folgt in einer der angegebenen Varianten:

„... weil ich glaube, dass ... (schädigende Lebensstrategie / Glaubenssatz) ..."

- „Ich bin fest davon überzeugt, dass ..." (Schädigende Lebensstrategie / Glaubenssatz einsetzen)

- „Ich denke, ich brauche diese Strategie / diesen Glaubenssatz ... immer noch, um mein Leben durchstehen zu können."

Wenn Ihre Vermutung bestätigt wird und Ihr Problem durch diese schädigende Grundannahme entstanden ist oder aufrecht erhalten wird, so codieren Sie wie zuvor beim Thema Angst entweder die Testsätze oder gezielt die folgende Anweisung, die die negative Programmierung enthält:

☁ „Behandle meine Strategie / meinen Glaubenssatz, dass ... (genau zitieren), die / der mich behindert und mich davon abhält, das Problem ... aufzugeben." ✓Code

Anschließend codieren Sie Ihre Strategie oder Ihren Glaubenssatz zuerst bezüglich sämtlicher bedeutsamen Aspekte und aller dabei auftretenden Emotionen oder körperlichen Empfindungen:

☁ „Ich habe Angst vor ..." ✓Code

- „Ich fühle mich ..."

- „Ich spüre in meinem Körper ..."

Als Abschluss codieren Sie wieder einen generellen Satz der folgenden Art:

☁ „Behandle jeden noch irgendwo bestehenden Aspekt meiner Strategie ..., die mich davon abhält, das Problem ... aufzugeben." ✓Code

- „Behandle jeden Gedanken, jedes Gefühl, jede Gewohnheit, jede Vorstellung und jedes andere Problem, die in irgendeiner Weise einen Beitrag leisten zu meiner Strategie / meinem Glaubenssatz ..., die / der mich daran hindert, das Problem ... aufzugeben."

136

Die Ergebnisprüfung führen Sie am besten wieder über Test und Gegentest durch:

`!Test` „Ich behalte meine Strategie / meinen Glaubenssatz, dass …"
`Test−` ⇒ `☑Code`

- „Meine Strategie / mein Glaubenssatz … ist vollständig beseitigt."
- „Ich bin bereit, ab jetzt …"

(Das Gegenteil des Problemverhaltens ganz genau ausführen, mit sämtlichen Umständen und Emotionen.)

Codieren Sie sämtliche Prüfsätze so lange, bis Sie positive Ergebnisse haben.

Auch für die situationsbezogene Behandlung spezifischer Widerstände gilt, dass deren Beseitigung nichts an der Grundproblematik verändert hat. Sie müssen sich also anschließend wieder dem eigentlichen Problem oder Thema zuwenden und die Behandlung dort weiterführen, wo Sie zuvor aufgrund bestehender Blockaden unterbrochen worden war.

Bearbeitung von Wut, Verurteilung, Kritik und Unverzeihen

Ein zentrales Element der Ausrichtung von BSFF ist der hohe Stellenwert des Verzeihens. Daher macht die Behandlung negativer Emotionen und innerer Haltungen von der Art von Vorwürfen einen wesentlichen Teil des Programms aus. Unabhängig von der Schlusssequenz, in der das Thema Verzeihen nochmals generalisierend ausgegriffen wird, sollten Sie daher Emotionen wie Wut, Verurteilung, Kritik oder Unverzeihen sofort behandeln, wenn sie sich im Ablauf der Anwendung irgendwie zeigen. Speziell bei Partnerschaftsthemen, aber auch bei sämtlichen Problemen, die andere Arten zwischenmenschlicher Verbindungen oder Ihre generelle Positionierung in der Welt betreffen, sind Unverzeihen oder Wut sehr oft vorhanden. Diese beziehen sich dann auf andere Menschen, auf „Gott", das Universum, eine höhere Kraft, die Welt, das Leben an sich oder Ihre persönliche Entwicklung. Sämtliche dieser Formen von Unverzeihen und Wut sind dann auch zu behandeln.

Forschen Sie möglichst ehrlich und selbstkritisch auch nach den geringsten Ansätzen solcher Emotionen, denn der durch sie bedingte Schaden an Ihrer Persönlichkeit kann sehr groß werden. Ergreifen Sie also jede nur mögliche Gelegenheit, zu prüfen, ob sich hinter einem Problem nicht vielleicht doch ein noch so kleiner Aspekt von Wut, Kritik oder Verurteilung verbirgt und ob Sie wirklich allen Betroffenen und sich selbst vollständig verzeihen können.

Der Abschluss des Prozesses

Die Behandlung ist abgeschlossen, sobald Sie Gefühle von Freiheit, Frieden, Harmonie, Ausgeglichenheit, Gelassenheit oder Behaglichkeit gegenüber dem Problem spüren können. Sie sollten dann keinen Stress mehr empfinden, wenn Sie sich in Ihrer Vorstellung in die entsprechende Situation hineinbegeben. Jede Form von Negativität muss daher so lange weiter behandelt werden, bis Sie dem Problem gegenüber absolut neutral empfinden.

Achten Sie zum Abschluss des Prozesses besonders darauf, welche Art von emotionaler Veränderung stattgefunden hat, welche Reaktionen im Körper aufgetreten sind und welche schädigenden Aspekte des Problems noch arbeiten. Möglicherweise noch aktive Reste der bearbeiteten Thematik müssen Sie unbedingt weiter bearbeiten; bei körperlichen Befindlichkeitsstörungen ist das Fail-Safe-Verfahren mit Bezug zum jeweiligen körperlichen Symptom durchzuführen. (Siehe dazu genauer im Kapitel über die Behandlung körperlicher Probleme.)

Ergebnisprüfung

Um zu überprüfen, ob ein Problem wirklich gänzlich beseitigt ist oder Sie doch noch unbewusst in negativen Aspekten verhaftet sind, ist die folgende Frage hilfreich, weil sie oft tiefe Einblicke bringt:

– „Was will ich wirklich in meinem Leben?"

Bitten Sie Ihr Unbewusstes, Ihnen die Zusammenhänge zwischen der Ausrichtung Ihres Lebens und dem gerade behandelten Problem oder Thema deutlich zu machen. Ein solcher Dialog kann das Bild abrunden und das positive Ergebnis bestätigen oder Sichtweisen eröffnen, die neue und vielleicht behandlungsbedürftige Aspekte des Problems ins Bewusstsein bringen.

Bevor ein Problem oder Thema abgeschlossen wird, sollten Sie außerdem nochmals überprüfen, ob Sie wirklich sämtliche Nebenaspekte ausreichend berücksichtigt haben. Damit Sie bei einer umfangreichen Bearbeitungssequenz den Überblick behalten und die abschließende

Prüfung wirklich umfassend durchführen können, kann es hilfreich sein, wenn Sie während der Arbeit in Stichworten schriftliche Aufzeichnungen zu den Themenbereichen machen. Teilen Sie das Problem wie ein wurzelndes Gewächs in verschiedene Ebenen auf und gehen Sie jeder Verzweigung einer Wurzel sozusagen „auf den Grund".

Wenn Sie das Hauptproblem und seine verschiedenen Aspekte mit den dazu gehörenden Selbstbildern, Meinungen, Glaubenssätzen, Erinnerungen, Emotionen, körperlichen Sensationen und Vergleichen schriftlich kurz festhalten, können Sie die einzelnen Aspekte in Ruhe behandeln, ohne den Überblick zu verlieren.

Während einer BSFF-Anwendung arbeiten Sie zuerst vom Gesamtproblem in Richtung tieferer Ebenen, also vom Allgemeinen zum Konkreten, und lösen grundlegende Aspekte. Nach Bereinigung der untersten Ebene überprüfen Sie dann die jeweils nächsthöhere Ebene, bis zum übergeordneten Hauptproblem.

Benutzen Sie für die abschließende Überprüfung den Muskeltest, dann muss der Arm bei Konzentration auf das Problem in allen erdenklichen Facetten stark bleiben. Haben Sie zu Beginn statt des Muskeltests die Skala benutzt, dann sollte der Skalenwert am Ende bei 0 liegen.

Um das Gesamtergebnis zu präzisieren, gehen Sie bitte folgendermaßen vor: Prüfen Sie Sätze, die Elemente der Stopper und des Fail-Safe-Verfahrens enthalten und an das jeweilige Problem angepasst sind, und behandeln die diese, falls erforderlich. Wichtig ist hierbei, dass Sie Ihrem Bewusstsein den Hinweis geben, dass im Unbewussten Probleme oft schon geklärt und gelöst sind, während dies dem Bewusstsein noch nicht richtig klar geworden ist. Der Muskel kann also schon stark testen und die Beseitigung des Problems dokumentieren, während Sie dabei immer noch Unbehagen empfinden. Vertrauen Sie in diesem Fall Ihrem Unbewussten und dem Muskeltest, es bedarf dann einfach einiger Zeit oder der Bestätigung in einer realen Situation, bis Ihr Bewusstsein die Lösung des Problems auch real begreift.

Für die abschließende Überprüfung eignen sich Sätze der folgenden Art:

! Test „Das Problem … ist ganz weg." **Test −** ⇒ **Code**

- „Es ist dauerhaft beseitigt."
- „Es ist noch nicht ganz weg."

- „Es ist scheinbar weg, aber ich habe Angst, dass es zurückkommt."
- „Ich habe Angst, dass es noch nicht weg ist."
- „Ich bezweifle, dass es auf Dauer wegbleibt."
- „Die Erinnerung an ... hat keine Kraft mehr, Stress zu bewirken, weder in meinem Körper noch in meinem Bewusstsein, meinem Geist und meiner Seele."
- „Das Problem hat noch die Kraft, solchen Stress zu verursachen."
- „Die Arbeit ist damit beendet."
- „Und das wirkt und hält."
- „Ich bin ab jetzt in der Lage ... (das Gegenteil des Problems) ... zu tun."
- „Alle Probleme, die mit ... verbunden waren, sind beseitigt."
- „Ich bin bereit, willens und fähig, von jetzt an mein Problem ... loszulassen."
- „Alle Probleme, die ich als Ergebnis von ... in meinem Leben gehabt habe, sind jetzt aufgelöst."
- „Ich meine alle diese Dinge, die ich gerade angesprochen habe."
- „Ich habe noch ein oder mehrere Probleme, die mit diesem Veränderungsprozess zusammenhängen und verhindern könnten, dass ich zu dem Menschen werden kann, der ich sein möchte."
- „Ich kann jetzt alle Änderungen in meine Realität integrieren."

Pauschale Abschlussbehandlung

Sollte der Muskeltest kein absolut eindeutiges Ergebnis bringen oder sollten Sie intuitiv noch Zweifel an der völligen Auflösung des Problems oder Themas haben, so gibt es einen abschließenden, umfassenden Behandlungssatz, der sämtliche übrig gebliebenen Aspekte beseitigt – das abschließende *Global Statement*. Dieser „Zaubersatz" lautet wie folgt:

⚠ „Behandle jetzt mit einem Mal den gesamten Rest meines Problems und alle noch übrigen einschränkenden Glaubens- und Verhaltensmuster sowie alle negativen Emotionen und Gedanken, die jetzt oder irgendwann bewirken könnten, dass ich mein Problem behalten will oder wieder annehmen werde." ☑Code

Traumatisierung bearbeiten

Die meisten Probleme sind das Ergebnis einer Vielzahl von Traumatisierungen. Ist dies der Fall, so handelt es sich nicht um eine eigene Emotion, sondern um ein Empfinden als Ergebnis eines Schocks für das gesamte System. Ein Trauma ist die Akkumulation von Stressoren, die auf den gesamten Organismus einwirken, in mentaler, emotionaler, körperlicher und spiritueller Hinsicht. Posttraumatischer Stress beeinflusst das Leben eines Menschen noch lange nach dem eigentlichen Trauma. In solchen Fällen, vor allem wenn nach der Behandlung noch ein starkes Gefühl von Anspannung verblieben ist, sollten Sie daher unbedingt zusätzlich sämtliche Traumata bearbeiten, die im Umfeld des Problemkomplexes, in Verbindung zu diesem oder als Folge desselben entstanden sind.

Prüfen Sie hierbei zuerst, ob tatsächlich negative Auswirkungen von Traumata bestehen:

❗Test „Ich habe eine Menge von Traumata in körperlicher, psychischer und emotionaler Hinsicht aufgrund der Auswirkungen des Problems, die im Laufe der Zeit in mein System eingedrungen sind und es belastet haben."

Bei Bestätigung dieser Aussage durch einen starken Muskel ermitteln Sie die Anzahl der Traumata und holen Sie die Bereitschaft Ihres Organismus ein, alle diese Traumata gesammelt zu behandeln.

❗Test „Ich kann alle diese Traumata zusammen in einer Behandlung bearbeiten." Test⊟ ⇒ ☑Code

Führen Sie anschließend eine Sammelbearbeitung mit dem folgenden abschließenden *Global Statement* durch:

☁ „Behandle jetzt mit einem Mal sämtliche Traumata, die ich jemals erlebt habe und die in irgendeiner Art von Beziehung zum Problem ... stehen oder Folge desselben sind." ⟦✓Code⟧

Das Ergebnis prüfen Sie über eine Variante des folgenden Testsatzes:

⟦! Test⟧ „Ich habe immer noch einzelne Traumata / Reste von Traumata bezüglich des Problems / aufgrund des Problems / in irgendeiner Verbindung mit / zu dem Problem." ⟦Test –⟧ ⇒ ⟦✓Code⟧ Behandeln Sie so lange weiter, bis der Muskel stark wird.

Vertagen der Problemlösung: die Box-Methode

Im Laufe eines BSFF-Prozesses kann ein Punkt erreicht werden, an dem Sie vielleicht nicht mehr weiter wissen oder momentan nicht fortfahren wollen. Es können sich auch Themen zeigen, die unter den gegebenen Umständen nicht behandelbar sind, beispielsweise weil es sich um ein neu aufgetauchtes, umfangreiches Problem handelt, das besonderer Bearbeitung bedarf, für die Ihnen gerade die Zeit oder die innere Bereitschaft fehlen.

In einem solchen Fall behandeln Sie einfach nur die offensichtlichen Aspekte wie:

☁ „Das Überwältigtwerden von Gefühlen" ⟦✓Code⟧,

• „Die Panik",

• „Nicht mehr weiter wissen",

• „Das Problem XYZ", ...

... bis Sie eine gewisse innere Distanz erreicht haben.

Den Rest des Problems deponieren Sie dann in Ihrer Imagination in einer Box und belassen es dort, wobei Sie nicht vergessen dürfen, Ihrem Unbewussten die Zusage zu geben, dass Sie sich diesem Problem in absehbarer Zeit wieder zuzuwenden. Mit der Zeit gewöhnt sich Ihr Unbewusstes an diese Vorgehensweise und quält Sie bis zur nächsten Bearbeitung nicht mehr mit Gedanken an dieses Problem. Wenn es dann so weit ist, öffnen Sie in Ihrer Vorstellung die Box, lassen das Problem heraustreten, indem Sie es intensiv fokussieren, und bearbeiten es in gewohnter Weise.

Weitere Probleme bearbeiten

Mit demselben Ablauf wie hier beschrieben können Sie nacheinander so viele Probleme, Glaubenssätze, Veranlagungen oder Prägungen bearbeiten, wie Ihre Zeit und Ihre Bereitschaft das erlauben.

Die Schlusssequenz

Die Abschlusssequenz hilft Ihnen dabei, Probleme nicht deshalb wieder anzunehmen, weil sie in Verbindung stehen zu unbewussten Kontroll- und Abwehrmechanismen im Bereich von Lügen und Vorwürfen oder fundamentalen menschlichen Ängsten, Zweifeln und Misstrauen (sich selbst und anderen Menschen gegenüber).

Probleme, die nicht mit einem Akt des Verzeihens abgeschlossen werden, kehren in vielen Fällen wieder; dasselbe gilt für solche, die auf Kritik an uns selbst oder mangelndem Vertrauen in die eigene Person basieren. Daher muss jede Bearbeitung eines Problems mit entsprechenden Sequenzen des Verzeihens und der Beseitigung genereller Hemmfaktoren wie Selbstzweifel und Misstrauen beendet werden.

Die vier generellen Sammelanweisungen beziehen sich, gemäß der ja bereits installierten Abschlussinstruktion, auf die folgenden Aspekte:

- jede Form von Unverzeihen gegenüber jeder Person und jeder Gegebenheit oder Sachlage, die bewusst oder unbewusst für das Problem bzw. die behandelten Probleme oder Themen als verantwortlich eingestuft wurden.

- die neun grundlegenden negativen Glaubenssätze oder *Stopper.*

- jede Art von Wut, Verurteilung und Kritik gegenüber der eigenen Person, bezogen auf die bearbeiteten Probleme oder Themen.

- jede Form von Unverzeihen sich selbst gegenüber bezüglich sämtlicher gerade behandelten Probleme oder Themen.

Die jeweils abschließenden Sammelanweisungen lauten wie folgt:

- ❗ „Unverzeihen gegenüber jedem und allem" ⟲Code

- • „Stopper" (Die Stopper können immer auch einzeln geprüft und behandelt werden.)

- • „Wut, Ärger und Verurteilung mir selbst gegenüber"

- • „Unverzeihen mir selbst gegenüber"

Leitfaden zum Behandlungsablauf

1. Problem-bestimmung
- Klären der innerlichen Bereitschaft zur Lösung des Problems
- Bewusstes emotionales Wahrnehmen des Problems
- Skalieren der Belastungsintensität oder Ermitteln des Problems über eine Testmethode

2. Bearbeitung

Zu behandeln und damit zu codieren sind (vom Allgemeinen zum Konkreten):
- Gedanken, Gefühle, Emotionen, Erinnerungen, Vorstellungen, Verhaltensweisen, Glaubenssätze und Haltungen in Vergangenheit, Gegenwart und Zukunft
  - mit Bezug zum Problem / im Umfeld des Problems
  - als Folge des Problems
- körperliche Sensationen, ausgelöst durch das Problem.

Wenn keine Widerstände bestehen, kann die Bearbeitung des Problems **direkt** begonnen werden. Als Einstieg eignen sich optimal die beiden Global Statements.

Bei Verdacht auf Widerstände gegen die Lösung des Problems (vor allem bei umfassenden Lebensthemen und chronischen psychischen Problemen) sind diese **vor** der eigentlichen Behandlung zu beseitigen. Hierzu können das Fail-Safe-Verfahren oder die Codierung der Stopper-Sätze bzw. beide Methoden genutzt werden.

„Behandle jeden Gedanken, jedes Gefühl, jede Emotion, jedes Verhalten, jede Überzeugung, Haltung oder Einstellung, jede Vorstellung und jedes andere Problem, das mir jemals in meinem Leben um das Problem … herum oder in Richtung auf das Problem … direkt oder indirekt irgendeine Form von Unbehagen, Stress, Angst, Wut, Unausgeglichenheit, negativer Limitierung oder sonstigen Schwierigkeiten in emotionaler, psychischer und körperlicher Hinsicht verursacht hat." ☑Code

„Behandle jeden Gedanken, jedes Gefühl, jede Emotion, jedes Verhalten, jede Überzeugung, Haltung oder Einstellung, jede Vorstellung und jedes andere Problem, das mir jemals in meinem Leben als Ergebnis von Problem … direkt oder indirekt irgendeine Form von Unbehagen, Stress, Angst, Wut, Unausgeglichenheit, negativer Limitierung oder sonstigen Schwierigkeiten in emotionaler, psychischer und körperlicher Hinsicht verursacht hat." ☑Code

Zur Vertiefung ist das Problem oder Thema noch zu bearbeiten hinsichtlich sämtlicher wichtigen Einzelaspekte sowie typischer Selbstverurteilungen.

Sobald hier oder an irgendeiner Stelle im Ablauf der Behandlung Widerstände gegen die Problemlösung vermutet werden (meist erkennbar durch Stagnation im Fortschritt), sind diese vor der weiteren Behandlung über die Anwendung des Fail-Safe-Programms oder die Codierung der Stopper-Sätze zu beseitigen.

3. Beseitigung von Widerständen bei Stagnation im Fortschritt

Nachweis: Ein negatives Testergebnis bei einem der ersten beiden Fail-Safe-Sätze (meist bei Satz Nr. 2) bestätigt Widerstände. (Ein Fail-Safe kann jedoch auch bestehen, wenn beide Sätze positiv testen – daher ist diese Prüfung nur ergänzend durchzuführen.)
Test 1. „Ich möchte von diesem Problem befreit sein."
2. „Ich bin bereit, von diesem Problem befreit zu sein."

Behandlungssätze zur Beseitigung von Blockaden:

Fail-Safe-Sätze

1. „Ich möchte von diesem Problem/von ... befreit sein." ☑Code
2. „Ich bin bereit, von diesem Problem/von ... befreit zu sein."
3. „Ich bin bereit, von jetzt an von diesem Problem/von ... befreit zu sein."
4. „Ich erlaube mir, von jetzt an von diesem Problem/von ... befreit zu sein."
5. „Es ist 100%ig in Ordnung für mich, von jetzt an komplett von diesem Problem/von ... befreit zu sein."
6. „Ich verdiene es, dauerhaft von diesem Problem/von ... befreit zu sein."
7. „Ich bin bereit, all den positiven Nutzen zu empfangen, den es mit sich bringt, von diesem Problem/von ... frei zu sein."
8. „Ich werde alles Notwendige tun, um sicherzustellen, dass ich von jetzt an von diesem Problem/von ... befreit bin und es auch bleibe."
9. „Es gibt noch ein oder mehrere Probleme, die mich dazu bringen könnten, dass ich das vorliegende Problem/... behalte oder es wieder annehme."
10. „Es gibt noch irgendetwas in mir, was mich dazu bringen kann, dieses Problem/... zu behalten oder wieder anzunehmen."
11. „Ich bin immer noch anfällig und empfänglich dafür, dieses Problem/... irgendwann wieder anzunehmen."

Stopper:

„Ich habe Angst, dass die Behandlungen bei mir nicht funktionieren werden." ☑Code

- „Ich habe Angst, dass die Behandlungserfolge nicht dauerhaft anhalten."
- „Ich bezweifle, dass die Behandlungen bei mir funktionieren werden."
- „Ich bezweifle, dass die Behandlungserfolge dauerhaft anhalten."
- „Ich traue mir nicht zu, effektiv mit dieser neuen und ungewohnten Methode zu arbeiten."
- „Ich bezweifle, dass ich diese neue Methode effektiv anwende."
- „Ich bezweifle, dass ich die positiven Veränderungen in meinem Leben umsetzen kann."
- Ich bin anfällig und empfänglich dafür, eines oder mehrere der behandelten Probleme wieder anzunehmen."
- „Ich habe noch ein oder mehrere andere Probleme, die mich direkt oder indirekt wieder davon abbringen könnten, meinen Behandlungserfolg dauerhaft zu bewahren."

Zusätzlich können, je nach thematischem Schwerpunkt des Problems, auch vermutete Auslöser der Blockaden, meist grundlegende Ängste, schädigende Lebensstrategien oder negative Glaubenssätze, in die Fail-Safe-Sätze oder Stopper eingebaut werden.

Nach der Beseitigung von Widerständen ist die Behandlung wieder neu zu starten!

4. Behandlung von Wut und Unverzeihen

Sobald sich im Ablauf der Behandlung einzelner Probleme in irgendeiner Form Emotionen wie Wut, Verurteilung, Kritik oder Unverzeihen zeigen, sind diese sofort vorrangig zu behandeln.

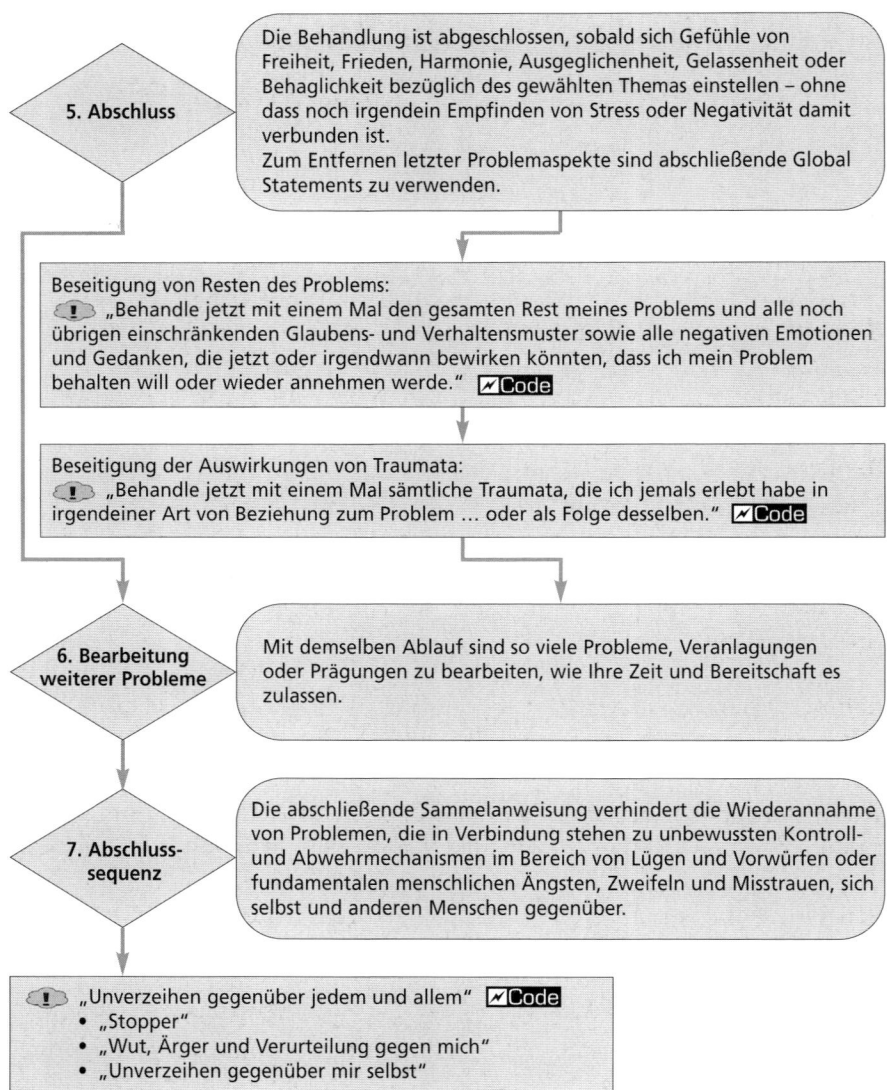

5. Abschluss

Die Behandlung ist abgeschlossen, sobald sich Gefühle von Freiheit, Frieden, Harmonie, Ausgeglichenheit, Gelassenheit oder Behaglichkeit bezüglich des gewählten Themas einstellen – ohne dass noch irgendein Empfinden von Stress oder Negativität damit verbunden ist.
Zum Entfernen letzter Problemaspekte sind abschließende Global Statements zu verwenden.

Beseitigung von Resten des Problems:
„Behandle jetzt mit einem Mal den gesamten Rest meines Problems und alle noch übrigen einschränkenden Glaubens- und Verhaltensmuster sowie alle negativen Emotionen und Gedanken, die jetzt oder irgendwann bewirken könnten, dass ich mein Problem behalten will oder wieder annehmen werde." ☑Code

Beseitigung der Auswirkungen von Traumata:
„Behandle jetzt mit einem Mal sämtliche Traumata, die ich jemals erlebt habe in irgendeiner Art von Beziehung zum Problem ... oder als Folge desselben." ☑Code

6. Bearbeitung weiterer Probleme

Mit demselben Ablauf sind so viele Probleme, Veranlagungen oder Prägungen zu bearbeiten, wie Ihre Zeit und Bereitschaft es zulassen.

7. Abschluss-sequenz

Die abschließende Sammelanweisung verhindert die Wiederannahme von Problemen, die in Verbindung stehen zu unbewussten Kontroll- und Abwehrmechanismen im Bereich von Lügen und Vorwürfen oder fundamentalen menschlichen Ängsten, Zweifeln und Misstrauen, sich selbst und anderen Menschen gegenüber.

„Unverzeihen gegenüber jedem und allem" ☑Code
• „Stopper"
• „Wut, Ärger und Verurteilung gegen mich"
• „Unverzeihen gegenüber mir selbst"

Sollten bei der anschließenden Ergebnisprüfung noch längere Behandlungen notwendig sein, so ist danach die Abschlusssequenz nochmals zu wiederholen.

Dieses Schaubild darf für den privaten Gebrauch kopiert (vergrößert) werden.

10. Die Bearbeitung von Glaubenssätzen und Ängsten

Die Komplexität der Welt ist *allein* über unsere Sinneswahrnehmungen nicht ausreichend erfassbar. Wollen wir also entscheidungs- und handlungsfähig bleiben, so sind wir sowohl auf Übernahme von bestehendem Wissen als auch auf Reduktion in Form von Generalisierung angewiesen. Ein Mensch kann grundsätzlich nicht alles wissen. Er muss daher, um im Leben zu bestehen, auch *fremdes* Wissen übernehmen und „Glaubenssätze" über sich, sein Umfeld und die Zusammenhänge in seiner Welt bilden.

Unter Glaubenssätzen verstehen wir hier verallgemeinernde Vorannahmen, Schlussfolgerungen und Urteile, mit deren Hilfe wir uns im Leben und in der Welt einrichten. Inhaltlich betreffen Glaubenssätze vor allem die Welt um uns herum, Verhaltensweisen, Fähigkeiten und die eigene Identität. Es handelt sich dabei zum Beispiel um verallgemeinernde und die eigene Existenz negativ beeinflussende Grundannahmen wie: „Das Leben in dieser Welt ist schwer", „Ich muss allen genügen", „Ich kann nicht erfolgreich werden und es bleiben", „Ich bin nichts wert".

Als ersten Schritt auf dem Weg zur Installation eines Glaubenssatzes bilden wir uns aufgrund von meist minimaler Information oder der Aussage einer Autorität sowie anhand oft falscher Schlussfolgerungen eine erste Meinung zu einer bestimmten Thematik. Von diesem Moment an richten wir unsere Aufmerksamkeit unbewusst nur noch auf *solche* Informationen, die den gerade angelegten Glaubenssatz stärken und bestätigen. Jedes Indiz für dessen Wahrheitsgehalt unterstützt die Entwicklung einer sich selbst erfüllenden Prophezeiung, die immer mehr das bestärkt, was wir schon glauben. Gegenteilige Informationen tilgen wir ebenso unbewusst aus unserer Wahrnehmung. So wird ein einmal gebildeter Glaubenssatz immer „überzeugender" und erscheint uns mehr und mehr als objektive Wahrheit.

Je jünger wir zum Zeitpunkt der Entstehung eines Glaubenssatzes sind, desto dramatischer beeinflusst dieser unser Leben. Glaubenssätze sind in unserer Kindheit vielfach überlebensnotwendig und hilfreich, während sie später für uns als Erwachsene zunehmend unangebracht und lebensfern werden und uns die Fähigkeit zu freier Entscheidung nehmen.

Erschwerend kommt hinzu, dass unser in frühester Kindheit erworbenes Wissen, das sogenannte „implizite Wissen", überhaupt nicht mehr verändert werden kann. Die für das Lernen und die Erinnerung an den Kontext des Lernens notwendigen Hirnstrukturen bilden sich nämlich erst im dritten bis vierten Lebensjahr heraus. Spätere Änderung kann also nur im Rückgriff auf solche Hirnmuster erfolgen, die ab diesem Zeitpunkt gebildet wurden – alle Erfahrengen, die vorher gemacht wurden, fallen unter die „frühkindliche Amnesie". Die frühen Prägungen inklusive sämtlicher kultureller Setzungen werden automatisch zu Überzeugungswissen, das später nicht mehr verhandelbar ist. Bezüglich solcher Lerninhalte kann man sich danach absolut nicht mehr vorstellen, die Welt auch anders zu sehen. Umprägung ist hier nicht mehr möglich, die jeweilige Einstellung kann dann nur mehr oder weniger tolerant vertreten werden.

So betrachtet kann BSFF also nur auf diejenigen Glaubenssätze zugreifen, die nach der Phase frühkindlicher Amnesie entstanden sind. Auch hier gilt: Je älter und grundlegender Glaubenssätze sind, umso wirksamer werden sie im Laufe der Zeit, da sie immer wieder Bestätigung erhalten. Neu Erlebtes vergleichen wir mit bestehenden Glaubenssätzen und ordnen es entsprechend zu oder sortieren es aus. Sämtliche im Alltagsleben auftauchenden Gedanken und Gefühle werden über die Glaubenssätze gefiltert, Entscheidungen und Handlungen werden in der Folge grundlegend von ihnen bestimmt. In ihrer Gesamtheit betrachtet funktionieren Glaubenssätze wie ein Computerprogramm, das unser Unbewusstes programmiert. Die Glaubenssätze setzen sich in unserem Unbewussten fest, erzeugen Stress und bewirken oft sogar körperliche Befindlichkeitsstörungen.

Jeder Glaubenssatz spiegelt eine subjektive Überzeugung, die nach objektiven Kriterien nicht zu beweisen oder zu widerlegen ist; er kann somit weder als wahr noch als falsch kategorisiert werden. Erst unser *Glaube* an diese Gedankenkonstruktion verleiht dem Glaubenssatz seine Kraft, macht ihn für uns zur Wahrheit und „beweist" ihn damit. Ob wir also glauben, dass etwas passieren wird, oder ob wir es *nicht* glauben – die Chancen, dass wir mit unserer Meinung (mit diesem Glauben) Recht behalten, sind extrem hoch!

Allerdings schützen manche dieser erlernten „Lebensweisheiten" in Form unbewusster innerer Normen auch vor wiederholten Fehlern oder Gefahren und tragen so positiv zur Sicherung des Überlebens bei. Es gilt also, die schädigenden und unsere Entscheidungsfreiheit einschränkenden Grundüberzeugungen von denen zu trennen, die sich positiv auf unsere Lebensgestaltung auswirken.

Viele Probleme hängen direkt oder indirekt von dem Bild ab, das wir uns im Laufe unserer Entwicklung von uns selbst gemacht haben. Wenn wir zur eigenen Person und zu grundsätzlichen Fragen des Lebens negative Einstellungen haben, wirkt sich das auf alle anderen Bereiche unseres Daseins aus.

Nach Larry Nims hat jedes psychische Problem eine spirituelle Wurzel und basiert meist auf einer grundlegenden Angst. So kann etwa die unbewusste, stille Abwehrhaltung gegen die Aufgabe, sich mit den zahllosen Auseinandersetzungen und Problemen auf der Welt „herumschlagen" zu müssen, beim Test von Sätzen wie „Ich will leben" oder „Ich will mit der Welt nichts zu schaffen haben" zu zwar entgegengesetzten Testresultaten, in der Aussage aber gleichermaßen negativen Ergebnissen führen: Man will in letzter Konsequenz unbewusst eigentlich nicht leben.

Ebenso kann die ständige Angst vor den Herausforderungen des Lebens ein zwar minimales, aber dauerhaftes Zurückhalten des Atems mit daraus folgender Beeinträchtigung vieler Körperfunktionen bewirken und einen Satz wie „Ich verdiene es, zu sterben" stark testen lassen.

Bevor Sie also größere Lebensthemen in Angriff nehmen, sollten Sie daher erst einmal grundlegende Glaubenssätze zum Thema *Selbstbild, Selbstbewusstsein, Selbstvertrauen* und *Positionierung in der Welt* sowie primäre Grundängste behandeln.

Die nachfolgend aufgelisteten Aussagen (wenn nicht speziell angegeben, immer auch in ihrer gegenteiligen Form, also positiv *und* negativ) sind alle mit dem Code zu bearbeiten. Einzelne Sätze können Sie auch öfter bearbeiten, wenn Sie es intuitiv für notwendig halten. Grundsätzlich sollten Sie jede Aussage so intensiv behandeln, dass sich ein Gefühl von Freiheit, Frieden, Harmonie oder Gelassenheit einstellt.

Bei Überprüfung mit dem Muskeltest: Ein starker Muskel bedeutet hier nicht, dass Sie für immer am Ziel sind, aber Sie richten dann eher Ihre Aufmerksamkeit auf die Option, sich dahin zu entwickeln.

Es kann hilfreich sein, wenn Sie die für Sie persönlich besonders wichtigen Sätze einzeln als eigenes Thema mit all seinen Aspekten ausführlich bearbeiten.

Glaubenssätze zur allgemeinen Lebenseinstellung

- Ich will leben / sterben. ✓Code
- Ich verdiene es zu leben / zu sterben.
- Ich umarme das Leben, das ich führe.
- Ich habe nie Glück / ziehe Pech an.
- Ich verdiene ein schönes Leben / verdiene glücklich zu sein.
- Ich will / kann glücklich sein.
- Ich bin am Grunde meiner Existenz / in meinem inneren Wesen sicher.
- Ich bin immer sicher.
- Das Leben ist schwer / grundsätzlich ungerecht.
- Lieben / Leben heißt Leiden.
- Wovor ich mich fürchte, das passiert auch immer.
- Ich mag die Welt / Ich will mit der Welt nichts zu schaffen haben.
- Ich will mich nicht mit den Problemen dieser Welt abgeben.
- Ich mag andere Menschen.
- Andere werden immer bevorzugt.
- Ich erlaube mir, Dinge zu haben, die andere nicht haben.
- Ich kann und darf alles im Leben haben und völlig gesund sein.
- Ich kann, will und werde mein Leben in die Hand nehmen und in den Griff bekommen.
- In Anbetracht des Leides in der Welt muss auch mein Leben ein Kampf sein.
- Ich liebe, akzeptiere und respektiere mein Leben in all seinen Facetten und Wendungen, die es nehmen mag, und mit all seinen Turbulenzen.

Glaubenssätze zum Selbstbild

(!) Ich bin wertlos / unwichtig / unfähig / ungeschickt / nicht gut genug / sündig / klein / schmutzig / schuldig / minderwertig / unerwünscht / überflüssig / hilflos / machtlos. ✓Code

- Ich bin es nicht wert, geliebt zu werden.
- Ich bin ein Verlierertyp / Nichtsnutz / Versager / als Mann / Frau unattraktiv.
- Ich bin hässlich / zu dick (... zu dünn, ... zu lang, ... zu klein, ...)
- Ich bin ein/e schlechte/r Ehemann (-frau) / Lebenspartner(in) / Mutter / Vater / Bruder / Schwester / Arbeitnehmer / Chef.
- Ich verdiene kein/e Glück / Liebe / Fülle / Privilegien / Anerkennung / Beachtung.
- Ich habe nie Erfolg / scheitere immer.
- Ich werde scheitern.
- Ich mache immer alles falsch / kann nichts erreichen.
- Ich habe nichts, wofür es sich zu leben / gesund zu werden lohnt.
- Ich muss mich ducken / unterordnen / schämen / verstecken, damit mich keiner sieht.
- Ich muss perfekt sein.
- Ich muss sämtlichen Ansprüchen aller Menschen in meinem Umfeld entsprechen.
- Ich muss die Kontrolle über alles haben.
- Mein Leben ist fremdgesteuert durch andere Menschen.
- Wenn ich mich freue und glücklich bin, kommt immer ein dickes Ende nach.
- Ich darf nicht müßig sein / nicht glücklich sein / keine Freude empfinden.
- Ich werde immer kritisch beobachtet. / Alle schauen immer nur kritisch auf mich.
- Ich darf keine Macht abgeben.
- Lieben bedeutet Abgeben von Macht.
- Niemand liebt mich.
- Es interessiert niemanden, was ich mache / wer ich bin.

- Ich war immer schon schlecht in …
- Ich bin als Mensch in Ordnung / bin in Ordnung, wie ich bin.
- Ich mag mich (immer).
- Ich bin beziehungsfähig.
- Ich bin liebenswert, egal, was ich sage, denke, fühle oder tue.
- Ich verdiene es, geliebt zu werden.
- Das Universum / Gott liebt mich.
- Ich fühle mich geborgen in mir und in der Welt.
- Ich liebe mich.
- Ich vertraue mir.
- Ich genüge so, wie ich bin.
- Ich mag meinen Körper / meinen Verstand.
- Ich meistere mein Leben gut.
- Ich kann es schaffen, mein Problem zu lösen.
- Ich schaffe, was ich mir vornehme.
- Ich habe realistische Ansprüche an mich.
- Ich kann die in mich gesetzten Erwartungen erfüllen.
- Ich kann realistische Ziele erreichen.
- Ich kann erfolgreich sein und ich werde es auch weiterhin sein.
- Ich bin ein Mensch mit Talenten und Fähigkeiten.
- Ich kann gut für mich sorgen.
- Ich kann gut für die Menschen sorgen, die mir wichtig sind.
- Ich darf meine persönliche Meinung haben und ausdrücken.
- Es ist in Ordnung, wenn ich meine Gefühle zeige.

Glaubenssätze zu menschlichen Grundängsten

💬 Ich darf ohne Angst sein / meine Ängste loslassen. ☑Code

- Ich glaube nicht, dass ich dieses Problem (durch eigene Anstrengung) überwinden kann.
- Ich glaube nicht, dass ich dieses Problem vollständig überwinden kann.
- Ich traue mir nicht zu, dieses Problem zu überwinden.
- Ich will das Problem vollständig überwinden.
- Ich werde das Problem vollständig überwinden.
- Es ist mir möglich / unmöglich, dieses Problem zu überwinden.
- Ich fürchte, dass das Problem in anderer Form zurückkehrt, wenn ich es überwunden habe.
- Ich verdiene es nicht, dieses Problem zu überwinden.
- Ich gestatte es mir nicht, dieses Problem zu überwinden.
- Ich habe Angst, dieses Problem (vollständig) zu überwinden.
- Mit wird etwas fehlen / nichts fehlen, wenn ich dieses Problem überwinde.
- Es bedeutet ein Risiko für mich / für andere Menschen, dieses Problem zu überwinden.
- Es wird gut für mich sein / mir schaden, dieses Problem zu überwinden.
- Es wird gut für andere (genau benennen) sein / wird anderen schaden, …
- Ich habe Angst, meine Identität oder einen wesentlichen Teil meiner Persönlichkeit zu verlieren, wenn ich dieses Problem überwinde.
- Ich werde alles tun / nicht alles tun, was nötig ist, um dieses Problem zu überwinden.

Glaubenssätze zum Thema Gesundheit

☁❗ Ich kann / will / darf / werde gesund / heil werden / mich selbst heilen. ☑Code

- Ich gestatte mir, wieder gesund zu werden.
- Es wird mir etwas fehlen, wenn ich gesund werde.
- Ich werde einen Teil meiner Identität verlieren, wenn ich gesund werde.
- Nur wenn alle meine anderen Probleme gelöst sind, werde ich gesund.
- Auch wenn noch nicht alle Probleme gelöst sind, werde ich gesund.
- Ich bin jetzt willens, fähig und bereit, ganz gesund zu werden.
- Ich vertraue der Selbstheilungskraft und Selbstregulation meines Körpers zu 100 Prozent.
- Ich bin fähig, fröhlich zu sein und Mut zu haben.
- Ich bin fähig, Energie zu haben, tief zu schlafen und morgens frisch aufzuwachen.
- Gott / Das Universum möchte, dass ich ganz gesund werde.

Verlängern Sie die Liste nach eigenem Empfinden und angepasst an Ihre eigene Situation sowie das jeweilige Problem. Führen Sie als Abschluss immer die folgende Behandlung mit Blick auf nicht ausreichend berücksichtigte Themen durch:

☁❗ „Ich behandle jetzt mit einem Mal alle restlichen Probleme, die ich jemals hatte oder gerade habe, in Bezug auf mein Selbstbild und alle hemmenden Glaubens- und Verhaltensmuster sowie alle negativen Emotionen, Einstellungen und Gedanken, die ich über mich als Mensch je hatte oder jetzt habe." ☑Code

Danach schließen Sie wie immer mit den Sammelanweisungen ab:

☁❗ Verzeihe jedem und alles. ☑Code

- Stopper
- Wut auf mich
- Verzeihe mir selbst.

11. Die Behandlung körperlicher Probleme

Gemäß den Grundannahmen von BSFF hat ein großer Teil der körperlichen Fehlfunktionen psychische Ursachen; das Bearbeiten der somatischen Probleme kann daher in diesen Fällen ausschließlich über die beteiligten psychischen Komponenten erfolgen. Als Ergebnis einer erfolgreichen Anwendung von BSFF können sich daher körperliche Veränderungen ergeben, auch wenn diese nicht direkt anzusteuern sind.

Voraussetzung für die Besserung körperlicher Befindlichkeitsstörungen auf dem Umweg über den jeweiligen psychischen Aspekt ist natürlich, dass die körperliche Störung noch nicht chronisch geworden ist oder gar irreversible Schädigungen bewirkt hat. In einem solchen Fall kann nur eine Verschlechterung verhindert werden, Heilung ist dann auch mithilfe von BSFF kaum mehr möglich.

Mit dem Nennen des Codes signalisieren Sie Ihrem Unbewussten, dass es augenblicklich die emotionalen Wurzeln und Glaubenssätze eliminieren soll, die das wahrgenommene Problem verursachen. Natürlich kann es sich dabei auch um eine körperliche Befindlichkeitsstörung handeln. Die Ursachen dieser Störung müssen Ihrem Bewusstsein keineswegs bekannt sein; eine exakte Diagnose ist ebenso wenig notwendig. Es reicht aus, wenn Sie eine unangenehme körperliche Empfindung wahrnehmen und irgendwie benennen oder für die Bearbeitung eingrenzen können.

Der Ablauf gleicht hier demjenigen bei der Codierung *emotionaler* Probleme, mit dem Unterschied, dass Sie *körperliche* Aspekte bearbeiten, bei denen Sie einen psychischen Hintergrund vermuten.

Prüfen Sie daher zu Beginn erst einmal, ob das körperliche Problem tatsächlich emotional bedingt ist; dafür eignet sich der folgende zweiteilige Prüfsatz:

! Test „Dieser Schmerz / das körperliche Problem ... hat emotionale Wurzeln."

Um Gewissheit zu haben, sichern Sie sich besser mit einer weiteren Überprüfung wie der folgenden ab:

[! Test] „Die körperlichen Probleme / die emotionalen Wurzeln sind immer noch aktiv."

Die Bearbeitung selbst erfolgt wie gewohnt über das Codieren sämtlicher Aspekte, die als emotionale Auslöser des Problems vermutet werden. Zum Einstieg können Sie folgenden generellen Behandlungssatz benutzen:

⚡ „Behandle alle Gedanken, Gefühle, Gewohnheiten, Glaubenssätze, Vorstellungen und anderen Probleme, die in irgendeiner Weise einen Beitrag leistet zu diesem Schmerz …" **[✓ Code]**

Achten Sie danach auf eventuelle Veränderungen und gehen Sie mithilfe aller sich zeigenden Emotionen oder Körpersymptome mehr in die Tiefe. Codieren Sie also sämtliche erkennbaren sowie denkbaren Einzelheiten und Hintergründe.

Larry Nims empfiehlt in diesem Zusammenhang die Zuschreibungen und Affirmationssätze von Louise Hay. Testen Sie grundsätzlich zuerst den von *Ihnen* vermuteten Grund für ein körperliches Problem oder den Satz zum wahrscheinlichen Grund nach Louise Hay und codieren Sie bis zu einem positiven Ergebnis, gemäß dem üblichen Ablauf einer BSFF-Behandlung.

[! Test] „Mein Schmerz in … / mein Leiden an … hat den Grund, dass …" **[Test −]** ⇒ **[✓ Code]**

Seien Sie sehr sensibel auf Reaktionen Ihres Körpers oder emotionale Veränderungen und codieren Sie einfach sofort alles, was sich zeigt. Auch hier gilt wieder das Prinzip, dass ein Zuviel Ihnen nicht schadet, sondern nur minimal die Anwendung verlängert, dass Vergessen oder Übersehen aber den Erfolg verhindern. Nehmen Sie sich ausreichend Zeit, alle Ebenen Ihrer Erinnerung zu durchforsten und dabei alle psychischen und körperlichen Belange, die auch nur irgendwie mit dem körperlichen Symptom zusammenhängen könnten, ausführlich und detailliert zu bearbeiten.

Anschließend können Sie Ihr Unbewusstes instruieren, noch zusätzlich eine persönlich passende Affirmation oder das jeweilige neue Gedankenmuster nach Louise Hay wie ein Endlos-Tonband „ablaufen" zu lassen.

Die Instruktion zu Affirmationen kann wie folgt lauten:

◎ „Unbewusstes, alle … (Zahl & Zeiteinheit, beispielsweise 10 Minuten) … lässt du für die Dauer von … (beispielsweise 7 Tagen) … die folgende Affirmation laufen: … (genauer Wortlaut der Affirmation) …"

Die Instruktion sollten Sie zur Absicherung noch überprüfen und bei Bedarf behandeln:

[!]Test „Ich glaube und akzeptiere diese Affirmation und integriere sie ab sofort bis auf Weiteres in mein Leben. Sie läuft für die Dauer von ... alle ... in meinem Unbewussten ab und mein Unbewusstes tut alles Nötige, damit sie sich für mich bewahrheitet." **Test[-]** ⇒ **✓Code**

Bei Stagnation im Behandlungsfortschritt oder bei vermuteten Widerständen wenden Sie unbedingt das Fail-Safe-Verfahren an, wobei Sie die Bedürfnisse des Körpers berücksichtigen müssen.

Wie das Unbewusste völlig unabhängig vom Bewusstsein arbeitet, so kann oft auch der Körper ein Eigenleben entwickeln, sozusagen ein *Körperunbewusstes*. Sie sollten daher bei Problemen, die sich über den Körper zeigen, erst einmal das normale Fail-Safe-Programm durchführen und danach zusätzlich prüfen, ob auch der Körper bereit ist, das Problem zu lösen. Nur dann ist sichergestellt, dass er die vom Bewusstsein getroffenen Entscheidungen mitträgt. Formulieren Sie die Fail-Safe-Sätze so, dass Bewusstsein und Körperunbewusstes mit einbezogen sind:

(!) „Mein Körper möchte, dass er und ich von ... befreit sind."
✓Code

- „Es ist in Ordnung für meinen Körper und für mich, dass wir von ... befreit sind."
- „Es ist in Ordnung für uns beide, dass wir von ... befreit sind."
- „Mein Körper und ich sind bereit, von jetzt an von ... befreit zu sein."
- „Mein Körper ist dafür bereit, dass er und ich von ... befreit sind."
- „Mein Körper ist dafür bereit, dass er und ich von jetzt an von ... befreit sind."
- „Mein Körper erlaubt sich und mir von jetzt an, von ... befreit zu sein."

Bitte vergessen Sie auch bei körperlichen Belangen nicht: Nach erfolgreichem Abschluss des Fail-Safe-Verfahrens ist die Bearbeitung des ursprünglichen körperlichen Problems fortzusetzen, wie es dem normalen Ablauf von BSFF entspricht.

12. Die Bearbeitung verursachender Sequenzen

Gewisse Grundthemen des menschlichen Lebens sind üblicherweise mit ganz bestimmten Emotionen oder Verhaltensweisen verbunden; so ist man beispielsweise im Fall von Verlust meist traurig oder wütend und Schuldgefühle werden fast immer von Schamempfinden begleitet. Für die erfolgreiche und dauerhafte Auflösung solcher Probleme sollten Sie bestimmte Zusammenhänge berücksichtigen: Es gibt miteinander verbundene oder einander verursachende Themen – in solchen Fällen sind immer beide Bereiche zu behandeln, da sonst das übergeordnete Gesamtproblem zurückkommt.

Solche starken Verbindungen existieren etwa zwischen:

- Verlust & Trauer
- Wut & Verurteilung / Kritik
- Verurteilung & Vergebung
- Verletzung & Ärger
- Angst vor Verletzung & Verurteilung / Kritik
- Schuld & Scham
- Schuld & Verursachung der Schuld
- Kummer / Trauer & Verlust

(Es können auch noch viele andere Kombinationsmöglichkeiten vorkommen.)

Sie müssen also beispielsweise im Fall von Trauer immer zuerst den damit einhergehenden Verlust behandeln, weil sonst die Bearbeitung Ihrer Trauer nicht dauerhaft erfolgreich sein wird. Dasselbe gilt für Wut in Zusammenhang mit Verurteilung und Kritik sowie für die hierbei notwendige Vergebung.

Grundsätzlich sollten Sie bei jeder emotionalen Verletzung automatisch Ärger, Wut, Angst, Kritik und Verurteilung mitbearbeiten, weil diese Aspekte die Verursacher der Verletzung sind. Und bedenken Sie bitte Folgendes: Die ebenso nötige Vergebung ist damit noch nicht automatisch erfolgt. Diesem Thema müssen Sie sich nochmals gesondert widmen oder es mit einer speziellen Behandlung überhaupt erst ermöglichen. Prüfen Sie auch genau, ob Sie aktuell jeweils schon bereit sind, zu vergeben, oder erst irgendwann später vielleicht einmal. Solange Sie nämlich nicht zu Vergebung bereit sind, kann diese Unfähigkeit den gesamten Problemkomplex wieder aufbauen.

Berücksichtigen Sie bei der Anwendung von BSFF, dass Ihre Trauer und Ihr Kummer Ergebnisse vieler Verluste und daher mit diesen verbunden sind. Auch wenn Sie also Ihren Kummer vorübergehend erfolgreich zudecken oder sogar beseitigen können, stellt ein nicht bearbeiteter Verlust diesen Kummer sehr schnell wieder her. Sie müssen sich also zuerst den verschiedenen Erfahrungen von Verlust widmen, bevor Sie den Kummer dauerhaft beseitigen können.

Ähnlich verhält es sich mit Schuldgefühlen. Diese resultieren aus Selbstverurteilung dahingehend, dass man glaubt, etwas Falsches getan oder etwas versäumt zu haben. Im Fall von Scham geht man davon aus, grundsätzlich „falsch" zu *sein*. Schuldgefühle müssen daher immer bearbeitet werden in Verbindung mit ihren Ursachen und sehr oft handelt es sich dabei um Scham.

Sollten Sie einen dieser beiden zusammenhängenden Aspekte unberücksichtigt lassen, so kann dieser das Gesamtproblem „nachbilden", ebenso wie alle anderen die Schuld verursachenden Auslöser.

In den meisten Fällen decken die diversen Pauschalanweisungen (*Global Statements*) die wichtigsten Aspekte ab. Bei sehr tief sitzenden Emotionen und Verhaltensweisen, bei denen die zuvor beschriebenen Grundthemen eine Rolle spielen, kann es aber immer noch notwendig sein, diese gezielt und speziell zu behandeln.

Forschen Sie also sehr genau nach allen beteiligten emotionalen Aspekten, auch wenn Sie Ihnen auf den ersten Blick noch nicht offensichtlich erscheinen. Spüren Sie in Ruhe in sich hinein und bitten Sie Ihr Unbewusstes um Hilfe und Führung, um sämtliche noch verdeckten Zusammenhänge klar werden zu lassen. Es könnte auch helfen, wenn Sie erst einmal sämtliche inneren Mechanismen bearbeiten, die Verbindungen zwischen Emotionen beziehungsweise die Emotionen selbst verdecken. Ebenso ist es möglich, dass Sie ganz pauschal alles bearbeiten, was mit den bereits bekannten Faktoren zusammenhängt oder was Ihnen an Zusammenhängen noch nicht bewusst ist.

Seien Sie auch hier erfinderisch und bedenken Sie wiederum den Grundsatz: Sie können nicht „zu viel" bearbeiten, im schlimmsten Fall ist nur unnütz Zeit vertan worden. Wenn Sie allerdings zu wenig bearbeiten, hat das negative Auswirkungen auf das Gesamtergebnis – besonders bei den zusammenhängenden Aspekten. Dagegen wirkt die direkte Bearbeitung solcher Sequenzen tiefgreifender und umfassender als jede generelle Codierung und bezieht auch das Bewusstsein in den Lösungsprozess mit ein.

✻ ✻ ✻

Sie verfügen jetzt über das technische Rüstzeug dafür, ungewünschte Stimmungen und selbstschädigendes Verhalten aufgrund eigener Wahl zu verändern. Sie sind also nicht mehr gezwungen, aufgrund unbewusster Beschränkungen durch Glaubenssätze oder Blockaden automatisch zu reagieren.

Mit zunehmender Übung werde Sie immer besser lernen, Ihr Unbewusstes nicht mehr als feindlichen „Mitbewohner" Ihres Denkens zu sehen, sondern diesen Anteil Ihrer Gesamtpersönlichkeit zu einem helfenden Verbündeten zu machen, der Ihnen den Weg zu emotionaler Freiheit ebnet und Ihr Leben dadurch in jeder Hinsicht positiver gestaltet. Nutzen Sie BSFF so oft wie möglich, ganz nach dem Motto:

„BESTIMME DICH SELBST – FREI VON FESSELN!"

13. BSFF und aktuelle Erklärungsmodelle für Veränderungen im Erleben und Verhalten

Im Gegensatz zu den meisten Methoden aus dem Bereich der *Energy Therapy* erfolgt bei der Anwendung von BSFF keinerlei manuelle Stimulation von Punkten der Körperoberfläche. Die angestrebte Veränderung wird vom bewussten Geist initiiert, die eigentliche Arbeit vollbringt jedoch das Unbewusste. Die Ergebnisse werden dem Bewusstsein evident und sehr oft zeigen sich in der Folge zusätzliche Auswirkungen im somatischen Bereich.

Daraus ergibt sich auch für die Anwendung von BSFF die Schwierigkeit einer Abgrenzung und Definition von Körper und Seele. Dieses Problem hat innerhalb der Philosophie eine lange Tradition. Schon in der Antike versuchten Platon und Aristoteles, die Eigenschaften der Seele zu bestimmen und ihr Verhältnis zum Leib zu deuten. Die historisch bedeutsamen Theorien zur Erklärung der Beziehung zwischen Materie und Geist, wie sie später in sehr unterschiedlicher Weise Leibnitz, Descartes, Hobbes oder Spinoza formuliert haben, sind spätestens seit den siebziger Jahren des 20. Jahrhunderts überwunden. Weder die Idee einer Konkurrenz von Materie und Geist noch die Negation *eines* Anteils noch die Zusammenfassung zu einer Einheit ist nach heutigem Wissensstand haltbar. Religion, Kunst und Wissenschaften verfolgen mittlerweile mehr das Ziel, die Dualität von Geist und Materie zu überwinden.

Die ersten Psychosomatik-Konzepte basierten noch auf einer zweigeteilten Betrachtungsweise von physischen und psychischen Erscheinungsformen in der Medizin, doch mittlerweile sind die Auffassungen einer nondualistischen Theorie von Gesundheit und Krankheit weitgehend unumstritten. Gemäß neueren Ansätzen existieren nur „ganzheitliche" Krankheiten, für deren Entstehung und Beeinflussbarkeit genetische, biologische, psychologische und ökosoziale Faktoren in einer integrierten „Verschaltung" relevant sind. Eine Unterteilung in psychosomatische und nichtpsychosomatische Krankheiten entspricht nicht mehr den Modellvorstellungen solcher Konzepte. Vielmehr gilt heute die Maxime, sämtliche Faktoren der enorm komplexen seelischen Prozesse bei Entstehung, Verlauf und Therapie von Krankheiten zu erforschen und zu berücksichtigen, um optimal präventiv und kurativ einwirken zu können.

Durch seine sozusagen Schwellen übergreifende Wirksamkeit fällt BSFF zwar einerseits aus dem Bereich streng schulmedizinisch definierter Methoden heraus, kann sich aber gleichzeitig im Feld der zahlreichen Ansätze positionieren, die gedanklich dem biopsychosozialen Modell und seinen Weiterentwicklungen entsprechen.

Nach solchen Theorien ist körperliche und geistige *Gesundheit* definiert als die Fähigkeit, krankheitsverursachende Faktoren wirksam zu kontrollieren, während *Krankheit* dann gegeben ist, wenn der Organismus Störungen auf sämtlichen auf den verschiedenen Ebenen nicht ausreichend verhindern oder beseitigen kann. Krankheit wie auch Gesundheit sind demnach keine Zustände, sondern ein dynamisches Geschehen, das ständig zum Vorteil des Organismus neu organisiert, also geschaffen werden muss.

Die Idee der Erschaffung und Gestaltung der Außenwelt durch den schöpferischen Geist des Menschen ist eine aufgrund bestimmter Deutungsaspekte der Quantenmechanik sehr populär gewordene Vorstellung. Schon in den vierziger Jahren des 20. Jahrhunderts interpretierten die amerikanischen Physiker Richard Feynmann und John Wheeler rückwärtslaufende Wellen, die zur Berechnung realer physikalischer Ereignisse fester Bestandteil der Quantenphysik sind, als „Impulse aus der Zukunft". In der Weiterentwicklung solcher Gedanken bietet die sogenannte transaktionale Interpretation ein Erklärungsmodell, wonach Quantenwellen potenzieller Ereignisse der Zukunft ihre Realisierung in der Gegenwart erfahren, sobald sie dort einen Resonanzpartner finden. Glück scheint damit nur mehr zu einer Frage gezielter Lenkung der eigenen Schöpferkraft zu werden.

Um solche mathematischen und damit noch sehr theoretischen Ziele der Veränderung von Außenwelt tatsächlich erreichen zu können, scheint es erst einmal notwendig zu sein, gewisse innere Prozesse zu optimieren. BSFF stellt ein ideales Hilfsmittel für alle Arten solcher Umbildungsprozesse dar.

Das menschliche Gehirn ist wandlungsfähiger als jedes andere von der Natur hervorgebrachte System. Dies macht sich die Verhaltenstherapie zunutze, indem sie das Reiz-Reaktions-Schema mittels Einüben neuer Emotionen und entsprechender anderer Verhaltensweisen zu verändern versucht.

Auch wenn es beim Menschen in gewissem Ausmaß zu einer Neubildung von Neuronen kommt, basieren die derzeit aktuellen Gedächtnismodelle hauptsächlich auf dem Prinzip von Synapsenverstärkung sowie Neubildung durch Aussprossen von Dendriten. Wegen der Vielfalt lebensgeschichtlicher Erfahrungen entwickeln die Menschen individuelle Hirnstrukturen, die sich aufgrund der neuronalen Plastizität ständig verändern, in Abhängigkeit von der bis dahin gewachsenen Struktur und den neuen Reizgegebenheiten. Über zirkuläre Rückkopplungsschleifen beeinflussen sich daher die seelisch-geistige Struktur eines Menschen und sein aktuelles Erleben fortwährend gegenseitig.

Zunächst dient dies dazu, über Homöostase einen stabilen Zustand im Sinne von Autopoiese zu erreichen; zusätzlich eröffnet sich dadurch die Möglichkeit, von diesen neu geschaffenen strukturellen Vernetzungen aus weiterführende Erkenntnisse zu gewinnen und umzusetzen.

Der Mensch ist also, wie der Neurobiologe Gerald Hüther so treffend formuliert, eine „zeitlebens programmierbare Konstruktion". (In: *Brainwash. Einführung in die Neurobiologie für Pädagogen, Therapeuten und Lehrer*, DVD, Originalaufzeichnung einer Vorlesung in drei Teilen vom März 2006, Müllheim: Auditorium-Netzwerk, 2006) Im Gegensatz zu den meisten Säugetieren, die grundlegende Lernerfahrungen nur auf dem Weg über Prägungen in bestimmten Zeitfenstern machen können, sind wir Menschen während unseres ganzen Lebens in der Lage, falsche Verhaltensprogramme zu ändern und damit ständig zu *lernen*.

BSFF nutzt diese Tatsache in optimaler Weise und auf sehr direkte Art. Leid, das durch dauerhafte und intensive Beschäftigung mit den damit verbundenen Gefühlen und Schmerzen neurologisch bereits zu einem Programmkomplex wurde, kann mithilfe von BSFF durch eine neue, vorteilhafte und lebensfördernde Programmierung ersetzt werden.

Bei diesem Veränderungsprozess greift BSFF auf die Fähigkeit des Unbewussten zurück, sämtliche hierfür notwendigen Aktivitäten in Gang zu setzen, zu steuern und durchzuführen, gemäß einer ihm neu eingegebenen Instruktion.

Das Unbewusste ist grundsätzlich ein nicht direkt beobachtbares Konstrukt, auf dessen Existenz nur aufgrund von Forschungsdaten geschlossen werden kann; erkenntnistheoretisch betrachtet handelt es sich um ein ideelles System. Es gilt seit der Frühzeit der Hypnoseforschung dennoch als empirisch hinlänglich bewiesen, dass das Unbewusste Gegebenheiten und Zustände kausal verursacht und dadurch bewusstes Erleben und Verhalten beeinflusst.

Larry Nims baut bezüglich der Wirksamkeit seiner Methode auf einem Denkmodell von psychischer Energie auf. Er erklärt die grundlegenden Funktionsprinzipien des Unbewussten in Anlehnung an Siegmund Freuds Konzept von Verdichtung und Verschiebung. Auch wenn diese Grundannahmen physikalische Energieformen in ein ideelles System einführen, was formallogisch falsch, weil empirisch nicht validiert ist, und bis heute keinerlei empirische Hinweise existieren, die die Annahme einer psychischen Energie rechtfertigen, muss auch hier wieder auf die praktische Nützlichkeit solcher metaphorischen Annahmen verwiesen werden.

Es ist im wissenschaftlichen Erkenntnisprozess zulässig und praxisüblich, Forschungsergebnisse zunächst unter Rückgriff auf wissenschaftlich bewährte Erklärungsprinzipien wie über Analogieschluss zu interpretieren. Aufgabe künftiger Forschung im Bereich von BSFF wird es sein, diese Grundannahmen wissenschaftlich abzusichern.

Im Gegensatz zu einer weiteren Grundannahme von BSFF, dass sämtliche Erlebnisse im Leben eines Menschen *gespeichert* seien und vom Unbewussten abgerufen werden könnten, gehen Neurologen eher davon aus, dass das Gehirn selektiv nur einen Bruchteil des Erlebten in das Langzeitgedächtnis überführt und damit nur *die* Informationen strukturell verankert, die Signifikanz haben, weil sie ein emotional bedeutungsvolles Geschehen repräsentieren oder aufgrund mehrfacher Erfahrung wichtig geworden sind. Über die Anwendung von BSFF werden jedoch ganz gezielt genau diese relevanten Speicherungen bearbeitet, damit hilfreiche Veränderung stattfinden kann. Es spielt also wiederum keine große Rolle, dass diese spezielle Grundannahme eher metaphorischer Natur ist.

Grundsätzlich kann man dennoch sagen, dass BSFF dem neuesten Wissensstand der Hirnforschung entspricht, wonach mechanistisches Denken verworfen wurde und im Sinne eines dynamischen Modells die Nutzungsbedingungen den Aufbau des Gehirns bestimmen. Bezogen auf Lernen und damit auch auf Veränderung von Verhalten und Empfinden hat es sich als notwendig erwiesen, neues Wissen an vorhandene Muster anzukoppeln. Lernen kann also nur passieren, indem assoziativ eine neue Erfahrung zum Bestand des schon Bekannten hinzugefügt wird.

Die Anwendung von BSFF erfolgt im Rückgriff auf solche bestehenden Verhaltensprogramme, konkret auf diejenigen, die sich als nicht nützlich erwiesen haben. Da die innere *Einstellung* zu einem Außenreiz dessen Stresspotenzial bestimmt und eine erfolgreiche Bewältigung bewirken kann, werden über BSFF genau diese inneren Muster verändert. Über die Beseitigung oder Umwandlung schädigender Glaubenssätze können eingespielte Verhaltensweisen neu ausgerichtet werden, sodass sie zu hilfreicherem Handeln und Empfinden führen.

Eine weitere wichtige Erkenntnis der Neurowissenschaften spielt bezüglich der Wirksamkeit von BSFF eine Rolle. Während sich 3000 Jahre lang die Vorstellung hielt, dass der Geist das Gehirn beeinflusse, weisen neuere Erkenntnisse der Hirnforschung eindeutig in die gegenteilige Richtung. Aufgrund seiner enormen Arbeitsgeschwindigkeit hat das Gehirn einen eindeutigen Vorsprung gegenüber Bewusstsein und Verstand. Für das Wahrnehmen von Innen- oder Außenreizen sowie das Vorbereiten und Ausführen emotionaler oder mechanischer Reaktionen benötigt das Gehirn nur 350 Millisekunden. Der menschliche Verstand setzt frühestens 150 Millisekunden später ein, die voll bewusste Wahrnehmung ist erst nach einer Sekunde erreicht. In Affektsituationen, die sehr oft lebensbestimmend sind, werden Aktionen also schon vor dem Einsetzen des bewussten Verstandes vom Gehirn ausgeführt, die Reaktionen des Gehirns sind daher nicht durch das Bewusstsein zu stoppen.

Es ist klar, dass BSFF – wie jede andere Methode – in solchen Fällen von Affektverhalten nicht greifen kann, denn jede Form von Veränderung muss *vor* dem eigentlichen Ereignis im Gehirn ansetzen, wenn sie erfolgreich sein will. Gerade in dieser Hinsicht offenbart sich allerdings ein weiteres Spezifikum von BSFF. Die Methode setzt genau hier an, bei präventiver Veränderung von Verhaltensreaktionen im Gehirn. Systematisch angewandt kann sich also sehr wohl eine grundlegende Verhaltensänderung bewirken lassen, die dann aufgrund ihrer Manifestierung als standardisiertes Reaktionsmuster auch in Affektsituation zum Greifen kommt.

Die Ursprünge von BSFF lagen im Bereich der *Energy Psychology*, die für die heutige Form bestimmenden Elemente basieren jedoch zu einem großen Teil auf hypnotherapeutischen Grundannahmen des Therapiekonzepts von Milton H. Erickson. In Anbetracht dieses geistigen Hintergrunds aus der amerikanischen Kulturgeschichte ergeben sich gewisse Schwierigkeiten einer Übertragung in das abendländische Weltbild, die sich schon in der Unmöglichkeit einer eindeutigen Übersetzung der Bezeichnungen für die beteiligten Persönlichkeitsinstanzen aus dem Englischen zeigen. So kann Ericksons *mind* nicht einfach mit Geist übersetzt werden, der bei uns eher dem Bewusstsein zugerechnet wird, während der *unconscious mind* im europäischen Raum seit Freud als Unbewusstes oder Unterbewusstes eher der Seele oder Psyche zugeordnet wird.

Es bleibt daher die Aufgabe des Anwenders von BSFF, die jeweils persönlich passenden Bedeutungen mit den entsprechenden Bezeichnungen zu versehen. Die Herausforderung, der sich ein Angehöriger der abendländischen Kultur zu stellen hat, ist daher die Synthese des Denkgebäudes eines Milton Erickson mit dem im europäischen Empfinden immer noch stark verwurzelten freudianischen Gedankengut.

Der Neurobiologe Gerhard Roth stellte fest, dass die moderne Hirnforschung die Lehre Freuds in einigen wichtigen Punkten zu bestätigen scheint: So bestimmt das Unbewusste weitgehend das Bewusstsein – ontogenetisch entsteht es vor diesem und es legt sehr früh die Grundstrukturen unseres Umgangs mit der Umwelt fest. Zudem erhält das bewusste Ich nur fragmentarische Einsichten in die unbewussten Determinanten des Erlebens und Handelns; vielmehr hat das emotionale Erfahrungsgedächtnis die Hoheit und Entscheidungsgewalt über das Entstehen von Wünschen und Handlungsabsichten und damit über deren Realisierung.

Vor diesem Hintergrund können wir uns Ericksons Überzeugung zu eigen machen, dass der unbewusste Geist eine Quelle von Weisheit und Kraft ist – und ich möchte hier ergänzen: Diese Quelle lässt sich über die Anwendung von BSFF optimal nutzen.

„Beide – Problem und Lösung – liegen im Unbewussten."

(Larry P. Nims)

14. Anhang

Anhang 1: Liste von Gefühlen und Zuständen

abgelehnt

abgewertet

abgespannt

abhängig

ablehnend

alleine

angeekelt

angeklagt

angespannt

angstbesessen

ängstlich

ärgerlich

argwöhnisch

aufopfernd

aufrührerisch

aus seiner Mitte

ausgelaugt

ausgenutzt

außer Kontrolle

außer sich

bang

bedenkenvoll

bedroht

bekümmert

belastet

beleidigt

benachteiligt

beschämt

beschwert

besorgt

bestraft

bestürzt

betrogen

betrübt

blockiert

bockig

deprimiert

desorientiert

destruktiv

durcheinander

eifersüchtig

eingeengt

einsam

empört

entkräftet

entmutigt

entrüstet

entsetzt

enttäuscht

entwürdigt

erbost

erniedrigt

erschlagen

erschöpft

erschüttert

faul

feindselig

frustriert

gedemütigt

gefangen

gefährdet

gefühllos/taub

gelangweilt

gemein

gequält

geschlagen

gestresst

grauenvoll

grollend

hasserfüllt

heruntergemacht

hilflos

hintergangen

hoffnungslos

in die Falle gelockt

irritiert

klein

kummervoll

leer

leidend (an/unter)

lethargisch

liebeskrank
machtlos
melancholisch
merkwürdig
missachtet
missbraucht
misstrauisch
müde
neidisch
nervös
niedergeschlagen
ohnmächtig
panisch
ratlos
schikaniert
schlecht
schmerzerfüllt
schuldgetrieben
schuldig
süchtig
terrorisiert
trauernd
traumatisiert
traurig

trostlos
überflüssig
übergangen
überfordert
überwältigt
ungeliebt
ungerecht behandelt
unglücklich
unmotiviert
unnütz
unschlüssig
unsicher
unterbewertet
unter Druck gesetzt
unterdrückt
untröstlich
unzulänglich
verachtet
verängstigt
verärgert
verfolgt
verhöhnt
verlassen
verlegen

verletzlich
verletzt
verloren
vernachlässigt
verraten
verrückt
verunsichert
verurteilend
verwirrt
verwundet
verzweifelt
vom Pech verfolgt
von Gott verlassen
vorwurfsvoll
wahnsinnig
wertlos
widerspenstig
widerwillig
wütend
zerstört
zu Tode erschreckt
zurückgesetzt
zweifelnd

Anhang 2: Grundlegende Freiheitsblockaden

Mechanismen wie Lügen, Leugnen, Vermeiden und Kontrollieren sind in lebensbedrohenden oder mit großem Schmerz verbundenen Situationen nützliche Überlebensmuster, die mit der Zeit zu festen Gewohnheiten werden können. Der in Notsituationen entworfene illusionäre Eindruck von Wirklichkeit hilft jedoch nur kurzfristig, den Schmerz nicht zu fühlen oder die Schuld anderen zuzuschieben. Erst die Konfrontation mit der Wirklichkeit und deren Akzeptanz kann Erleichterung bringen und den Druck lösen. Meist beinhaltet dieser Prozess auch das Erkennen von Schuld und das Gewähren von Vergebung, sowohl sich selbst als auch anderen gegenüber.

Lügen:

Beabsichtigtes Abweichen von der Wahrheit in Form von unwahren Behauptungen oder Darstellungen
- Verfälschen
- Weglassen
- Täuschen
- Verdunkeln
- Beschönigen
- Negativ denken
- Übertreiben
- Untertreiben
- Sich selbst verherrlichen

Leugnen:

Psychologischer Prozess, mit dem ein Individuum sich vor Bedrohungen schützt, indem es bestimmte Faktoren aus seinem Bewusstsein tilgt.
- Abstreiten
- Minimalisieren
- Rationalisieren / Intellektualisieren
- Mystifizieren
- Simplifizieren / Generalisieren

- Projizieren / Beschuldigen / zum Sündenbock machen
- Ablenken
- Vermeiden
- Unwissenheit vortäuschen / Vergessen
- Unterdrücken (Dissoziation und Amnesie)
- Wunschdenken / Hoffnungsdenken

Das nachfolgende Schaubild darf für private Zwecke kopiert (vergrößert) werden.

DIE BSFF-METHODE IM ÜBERBLICK

1. Codewahl

- Hauptinstruktion
- Kurzinstruktion
- Stopper
- Schlusssequenz (abschließend einmalige Kontrolle)
- Hauptinstruktion zum Temporal Tap
- Instruktion für die Doppelcodierung

2. Instruktion des Unbewussten

Abschließen mit einmaliger Kontrolle:
Satz 1: „Ich glaube, das ich diese einfache Technik bei jedem Problem, das ich hiermit bearbeiten möchte, anwenden kann."
Satz 2: „Mein Unbewusstes macht dies für mich."

Bei negativem Test von Satz 1 **Test –** ⇒ direkt codieren **☑Code** oder bearbeiten mit ⇒
- „Behandle, was immer meinen Arm zum bearbeiteten Problem schwach werden ließ."
- „Behandle, was immer meinen Organismus hierzu gerade schwächte."

3. Bearbeitung von Kernthemen

- „Behandle jede Blockade, die ich habe in Hinsicht auf ein angemessenes, wunderbares Selbstbild von mir als menschlichem Wesen und bezüglich der Einschätzung dessen, was mir als Mensch auf dieser Welt zusteht." **☑Code**
- „Behandle jedes Problem, das irgendwie verhindert, dass ich absolutes Vertrauen in mich habe bezüglich der Dinge, die ich tue, denke oder sage."

4. Problembestimmung

- Klären der innerlichen Bereitschaft zur Lösung des Problems
- Bewusstes emotionales Wahrnehmen des Problems
- Skalieren der Belastungsintensität oder Ermitteln des Problems über Muskeltest

5. Bearbeitung

Option 1: Es liegt ein Fail-Safe vor.

Option 2: Es liegt kein Fail-Safe vor. Optimaler Beginn mit den beiden Global Statements:

Sofortige Behandlung über das Fail-Safe-Programm:
- 1. „Ich möchte von diesem Problem/von … befreit sein." **☑Code**
2. „Ich bin bereit, von diesem Problem/von … befreit zu sein."
3. „Ich bin bereit, von jetzt an von diesem Problem/von … befreit zu sein." Usw. …
Alternativ oder zusätzlich die Stopper bearbeiten:
- „Ich habe Angst, dass die Behandlungen bei mir nicht funktionieren werden." **☑Code**
- „Ich habe Angst, dass die Behandlungserfolge nicht dauerhaft anhalten."
- „Ich bezweifle, dass die Behandlungen bei mir funktionieren werden." Usw. …

- „Behandle jeden Gedanken, jedes Gefühl, jede Emotion, jedes Verhalten, jede Überzeugung, Haltung oder Einstellung, jede Vorstellung und jedes andere Problem, das mir jemals in meinem Leben um das Problem … herum oder in Richtung auf das Problem … direkt oder indirekt irgendeine Form von Unbehagen, Stress, Angst, Wut, Unausgeglichenheit, negativer Limitierung oder sonstigen Schwierigkeiten in emotionaler, psychischer und körperlicher Hinsicht verursacht hat." **☑Code**

- „Behandle jeden Gedanken, jedes Gefühl, jede Emotion, jedes Verhalten, jede Überzeugung, Haltung oder Einstellung, jede Vorstellung und jedes andere Problem, das mir jemals in meinem Leben als Ergebnis von Problem … direkt oder indirekt irgendeine Form von Unbehagen, Stress, Angst, Wut, Unausgeglichenheit, negativer Limitierung oder sonstigen Schwierigkeiten in emotionaler, psychischer und körperlicher Hinsicht verursacht hat." **☑Code**

Prüfen des Ergebnisses:

[! Test] „Es gibt noch irgendeine Form von Unbehagen, Stress, Angst, Wut, Unausgeglichenheit, negativer Limitierung oder sonstigen Schwierigkeiten um das Problem … herum oder in Richtung auf das Problem …" **[Test −]** Bei negativem Testergebnis ⇒ **[✓ Code]**

• „Es gibt noch irgendeine Form von Unbehagen, Stress, Angst, Wut, Unausgeglichenheit, negativer Limitierung oder sonstigen Schwierigkeiten als *Ergebnis* meines Problems …"

> Zur Vertiefung ist das Problem oder Thema noch zu bearbeiten hinsichtlich sämtlicher wichtigen Einzelaspekte sowie typischer Selbstverurteilungen.

6. Beseitigen von Widerständen bei Stagnation im Fortschritt

> Sobald hier oder an jeder beliebigen Stelle im Ablauf der Behandlung Widerstände gegen die Problemlösung vermutet werden (meist erkennbar durch Stagnation im Fortschritt), sind diese Widerstände vor der weiteren Behandlung über die Anwendung des Fail-Safe-Programms oder die Codierung der Stopper-Sätze zu beseitigen.

> **Nachweis:** Ein negatives Testergebnis bei einem der ersten beiden Fail-Safe-Sätze (meist bei Satz Nr. 2) bestätigt Widerstände. (Ein Fail-Safe kann jedoch auch bestehen, wenn beide Sätze positiv testen – daher ist diese Prüfung nur ergänzend durchzuführen.)
> **[! Test]** 1. „Ich möchte von diesem Problem befreit sein."
> 2. „Ich bin bereit, von diesem Problem befreit zu sein."

Fail-Safe-Sätze

1. „Ich möchte von diesem Problem / von … befreit sein." **[✓ Code]**
2. „Ich bin bereit, von diesem Problem / von … befreit zu sein."
3. „Ich bin bereit, von jetzt an von diesem Problem / von … befreit zu sein."
4. „Ich erlaube mir, von jetzt an von diesem Problem / von … befreit zu sein."
5. „Es ist 100%ig in Ordnung für mich, von jetzt an komplett von diesem Problem / von … befreit zu sein."
6. „Ich verdiene es, dauerhaft von diesem Problem / von … befreit zu sein."
7. „Ich bin bereit, all den positiven Nutzen zu empfangen, den es mit sich bringt, von diesem Problem / von … frei zu sein."
8. „Ich werde alles Notwendige tun, um sicherzustellen, dass ich von jetzt an von diesem Problem / von … befreit bin und es auch bleibe."
9. „Es gibt noch ein oder mehrere Probleme, die mich dazu bringen könnten, dass ich das vorliegende Problem / … behalte oder es wieder annehme."
10. „Es gibt noch irgendetwas in mir, das mich dazu bringen kann, dieses Problem / … zu behalten oder wieder anzunehmen."
11. „Ich bin immer noch anfällig oder empfänglich dafür, dieses Problem / irgendwann wieder anzunehmen."

Stopper:

• „Ich habe Angst, dass die Behandlungen bei mir nicht funktionieren werden." **[✓ Code]**
• „Ich habe Angst, dass die Behandlungserfolge nicht dauerhaft anhalten."
• „Ich bezweifle, dass die Behandlungen bei mir funktionieren werden."
• „Ich bezweifle, dass die Behandlungserfolge dauerhaft anhalten."
• „Ich traue mir nicht zu, effektiv mit dieser neuen und ungewohnten Methode zu arbeiten."
• „Ich bezweifle, dass ich diese neue Methode effektiv anwende."
• „Ich bezweifle, dass ich die positiven Veränderungen in meinem Leben umsetzen kann."
• „Ich bin anfällig und empfänglich dafür, eines oder mehrere der behandelten Probleme wieder anzunehmen."
• „Ich habe noch ein oder mehrere andere Probleme, die mich direkt oder indirekt wieder davon abbringen könnten, meinen Behandlungserfolg dauerhaft zu bewahren."

Zusätzlich können, je nach thematischem Schwerpunkt, auch vermutete Auslöser der Blockaden, wie Ängste, schädigende Lebensstrategien oder negative Glaubenssätze, in die Fail-Safe-Sätze oder Stopper eingebaut werden.

Nach der Beseitigung von Widerständen ist die ursprüngliche Behandlung wieder neu zu starten!

7. Behandlung von Wut und Unverzeihen

Sobald sich im Ablauf der Behandlung einzelner Probleme in irgendeiner Form Emotionen wie Wut, Verurteilung, Kritik oder Unverzeihen zeigen, sind diese sofort vorrangig zu behandeln.

8. Abschluss

Die Behandlung ist abgeschlossen, sobald sich Gefühle von Freiheit, Frieden, Harmonie, Ausgeglichenheit, Gelassenheit oder Behaglichkeit bezüglich des gewählten Themas einstellen – ohne dass noch irgendein Empfinden von Stress oder Negativität damit verbunden ist.
Zum Entfernen letzter Problemaspekte sind abschließende Global Statements zu verwenden.

Beseitigung von Resten des Problems:
① „Behandle jetzt mit einem Mal den gesamten Rest meines Problems und alle noch übrigen einschränkenden Glaubens- und Verhaltensmuster sowie alle negativen Emotionen und Gedanken, die jetzt oder irgendwann bewirken könnten, dass ich mein Problem behalten will oder wieder annehmen werde." ✓Code

Beseitigung der Auswirkungen von Traumata:
① „Behandle jetzt mit einem Mal sämtliche Traumata, die ich jemals erlebt habe in irgendeiner Art von Beziehung zum Problem … oder als Folge desselben." ✓Code

9. Behandlung weiterer Probleme

Mit demselben Ablauf sind so viele Probleme, Veranlagungen oder Prägungen zu bearbeiten, wie Ihre Zeit und Bereitschaft es zulassen.

10. Abschlusssequenz

Die abschließende Sammelanweisung verhindert die Wiederannahme von Problemen, die in Verbindung stehen zu unbewussten Kontroll- und Abwehrmechanismen im Bereich von Lügen und Vorwürfen oder fundamentalen menschlichen Ängsten, Zweifeln und Misstrauen, sich selbst und anderen Menschen gegenüber.

① „Unverzeihen gegenüber jedem und allem" ✓Code
  • „Stopper"
  • „Wut, Ärger und Verurteilung gegen mich"
  • „Unverzeihen gegenüber mir selbst"

11. Ergebnisprüfung

❗Test „Ich bin von jetzt an in der Lage … zu tun." Test ➖ ⇒ ✓Code
  • „Meine Angst, … zu tun, ist vollständig und absolut dauerhaft beseitigt."
  • „Sie ist noch nicht ganz weg."
  • „Alle Probleme, die mit … verbunden waren, sind beseitigt."
  • „Ich bin bereit, willens und fähig, von jetzt an … loszulassen."
  • „Ich kann jetzt alle diese Änderungen meines Verhaltens und Empfindens in meine Realität integrieren."
  • „Die Arbeit ist damit beendet."

Sollten noch längere Behandlungen notwendig sein, ist anschließend die Abschlusssequenz nochmals zu wiederholen.

Literaturverzeichnis

Nims, Larry, und Sotkin, Joan: *Be Set Free Fast! Release Your Discomforts Now,* Santa Fe: Sotkin Enterprises Inc., 2003 (bestellbar über www.besetfreefast.com)

Nims, Larry: *How to Be Set Free Fast™. Your Subconscious Mind Will Set You Free*, in: *Handout of the Energy Psychology Conference* 2005

ders.: *How to Be Set Free Fast™. New Advances for Treating the Whole Person*, Live-Mitschnitt der *Energy Psychology Conference* 2005, Association for Comprehensive Energy Psychology, 2005

ders.: *Be Set Free Fast – DVD. Personal Instruction for Everyday Freedom. The Lifetime Work of Dr. Larry Nims*, 2006 zu (bestellbar über www.besetfreefast.com)

Nims, Larry, und Elium, Don: Handout zum *BSFF Level One Training.* Oakland, California, Februar 2007

Soberman, Glen: *Letting Go. A Self-Help Manual for Emotional Well-Being,* Nevada City CA: Blue Dolphin Publishing, 2005

Stark, Franz (Dr. med., Arzt für Naturheilverfahren): *Materialien zum Coaching mit Be Set Free Fast™*, Freilassing, 2007

de Vries, Maya: *Einführung in das Be Set Free Fast™ (BSFF) von Dr. Larry P. Nims*, Seminarscript, Bergisch Gladbach 2005

Über die Autorin

Dr. phil. Verena Stollnberger (Salzburg) war zunächst gewerbliche Unternehmerin und absolvierte dann eine Reihe von Ausbildungen, u. a. in *Energy Psychology* nach F. Gallo, in NLP und EFT, in Emo-Trance und Hypnotherapie, in Psycho-Kinesiologie und Systemischer Strukturaufstellung. Heute ist sie als Beraterin und Seminarleiterin tätig. Sie ist die erste deutschsprachige Teilnehmerin des internationalen BSFF-Trainings, das von Dr. Larry Nims, dem Begründer der Methode, in den USA durchgeführt wird.

Susanne Marx:
Klopfen befreit
EFT klar und verständlich

Die besondere Stärke dieses Einsteigerbuches in die EFT-Methode (Emotionale Freiheitstechnik) liegt in der klaren und verständlichen Aufbereitung der effektiven Selbsthilfemethode.
Anschauliche Diagramme und Abbildungen weisen die Leser in die hochwirksame Technik ein. Mit Fallbeispielen, Erfahrungsberichten und häufig gestellten Fragen (FAQ) sowie einem Extra-Kapitel für fortgeschrittene Anwender, die Varianten und Erweiterungen der Grundtechnik kennenlernen möchten.
EFT lernen – leichter geht's nicht!

152 Seiten, 69 Abbildungen, Paperback (17 x 21,5 cm)
ISBN 978-3-935767-75-0

Thom Hartmann:
Nimm dein Problem und geh los!
Walking your blues away

Wir alle kennen das: Da bedrückt uns ein Problem, eine heikle Aufgabe wartet auf Erledigung oder ein schmerzliches Erlebnis dämpft unsere Stimmung – wir gehen ins Freie, verschaffen uns Bewegung – und schon bald stellt sich Erleichterung ein! Thom Hartmann hat das näher untersucht und herausgefunden: Bewusstes Gehen und gleichzeitige Einstimmung auf unser Thema aktivieren beide Gehirnhälften, lösen emotionale Belastungen und schlechte Stimmung auf und bringen neue Motivation und Kreativität ... So genial wie die Methode selbst ist ihr englischer Name: *Walking your blues away!*

152 Seiten, Hardcover (11,5 x 22,5 cm)
ISBN 978-3-935767-91-0

Robert Masters:
Neurosprache
Erleben, wie Sprache direkt auf den Körper wirkt

Die Neuro-Sprache richtet sich ohne Umwege über das Bewusstsein direkt an den Körper. Die subtile Technik wirkt einfach beim Lesen und provoziert Veränderungen in Muskeln und Körperorganen, in der emotionalen Befindlichkeit und der mentalen Struktur. Der Leser sitzt einfach bequem da und liest aufmerksam und langsam Zeile für Zeile des Buches. Die Methode funktioniert von allein, ohne bewusstes Zutun und verschafft u.a. Entspannung, mehr Beweglichkeit, eine bessere Körperwahrnehmung, mehr Lebendigkeit ...

150 Seiten, Paperback (13 x 20,5 cm)
ISBN 978-3-86731-007-9

Abonnieren Sie unseren kostenlosen Newsletter: www.vakverlag.de

Jonathan Haidt:
Die Glückshypothese
Was uns wirklich glücklich macht
Die Quintessenz aus altem Wissen und moderner Glücksforschung

Sinn und Glück im Leben zu finden ist keine Glückssache – Sie können etwas dafür tun! Jonathan Haidt zeigt Ihnen, worauf es dabei ankommt und wie Sie Ihr Denken, Ihre Beziehungen und Ihre Arbeit als Quellen für Ihr persönliches Lebensglück nutzen können. Er schöpft aus einem riesigen Wissensschatz und kennt die Weisheitslehren der Antike ebenso gut wie die Studien der modernen Glücksforschung. Hier zieht er das Fazit – so spannend und manchmal so witzig, dass Sie das Buch am liebsten in einem Zug zu Ende lesen würden.

368 Seiten, Hardcover (15 x 21,5 cm)
ISBN 978-3-87631-005-5

Fredric Schiffer:
Eine Brille für die Seele
Die neue Dual-Brain-Psychology und ihre Anwendung
bei Ängsten, Konflikten und Belastungen

Dies ist die spannende Geschichte einer frappierenden Entdeckung: Es gibt eine Brille für die Seele. Diese Brille kann sich sogar jeder selbst herstellen. Und die Methode funktioniert ganz einfach: Mit der „Seelenbrille" wird ein Teil des Blickfeldes eingeschränkt – so werden gezielt spezifische Gehirnbereiche aktiviert, andere blockiert. Auf diese Weise gewinnen wir Zugang zu verschiedenen Bewusstseinszuständen oder bestimmten Persönlichkeitsanteilen, die die Welt und auch die eigenen Probleme aus einer anderen Perspektive beleuchten.
Interessant für Anwender alternativer Heil- und Beratungsmethoden!
288 Seiten, 6 Abbildungen, Hardcover (15 x 21,5 cm)
ISBN 978-3-935767-93-4

 **Institut für Angewandte Kinesiologie GmbH**

Eschbachstraße 5 · D-79199 Kirchzarten
Tel. 0 76 61-98 71-0 · Fax 0 76 61-98 71-49
info@iak-freiburg.de · www.iak-freiburg.de

Das **IAK Institut für Angewandte Kinesiologie GmbH, Freiburg**, veranstaltet laufend **Kurse** in Edu-Kinestetik®, Brain-Gym®, Touch for Health, Three in One Concepts und vielen anderen Bereichen der Angewandten Kinesiologie. Wir haben uns im deutschsprachigen Raum in über 20-jähriger Tätigkeit als die Plattform für kinesiologische **Ausbildungen** etabliert. Dank enger persönlicher Kontakte zu den Pionieren der AK ist das Institut in der Lage, ständig die neuesten Entwicklungen zu präsentieren. Unsere im Herbst stattfindenden Kinesiologie-**Kongresse** bieten willkommene Gelegenheit zu Austausch und Begegnung.

Informationen zu unseren vielfältigen Veranstaltungen können Sie unserer Homepage entnehmen: www.iak-freiburg.de. Gerne schicken wir Ihnen auch unser Kursprogramm zu. (Bitte mit 2 € frankierten Rückumschlag beilegen.)

Leseproben für alle VAK-Titel finden Sie unter: www.vakverlag.de